첫걸음 베스트 1위!

JN457746

동양북스
www.dongyangbooks.com
m.dongyangbooks.com

가장 쉬운 러시아어
첫걸음의 모든 것
16,000원

가장 쉬운 이탈리아어
첫걸음의 모든 것
17,500원

가장 쉬운 포르투갈어
첫걸음의 모든 것
18,000원

버전업! 가장 쉬운
베트남어 첫걸음
16,000원

가장 쉬운 터키어
첫걸음의 모든 것
16,500원

버전업! 가장 쉬운
아랍어 첫걸음
18,500원

가장 쉬운 인도네시아어
첫걸음의 모든 것
18,500원

버전업! 가장 쉬운
태국어 첫걸음
16,800원

가장 쉬운 영어
첫걸음의 모든 것
16,500원

버전업! 굿모닝
독학 일본어 첫걸음
14,500원

가장 쉬운 중국어
첫걸음의 모든 것
14,500원

가장 쉬운 독학
중국어 첫걸음
가장 쉬운 독학
일본어 첫걸음

500만 독자가 선택한

가장 쉬운
독학 일본어 첫걸음
14,000원

가장 쉬운
독학 중국어 첫걸음
14,000원

가장 쉬운
독학 베트남어 첫걸음
15,000원

가장 쉬운
독학 스페인어 첫걸음
15,000원

가장 쉬운
독학 프랑스어 첫걸음
16,500원

가장 쉬운
독학 태국어 첫걸음
16,500원

가장 쉬운
프랑스어 첫걸음의 모든 것
17,000원

가장 쉬운
독일어 첫걸음의 모든 것
18,000원

가장 쉬운
스페인어 첫걸음의 모든 것
14,500원

www.dongyangbooks.com

새로운 도서, 다양한 자료
동양북스 홈페이지에서 만나보세요!

홈페이지 활용하여 외국어 실력 두 배 늘리기!

홈페이지 이렇게 활용해보세요!

1 도서 자료실에서 학습자료 및 MP3 무료 다운로드!

❶ 도서 자료실 클릭
❷ 검색어 입력
❸ MP3, 정답과 해설, 부가자료 등 첨부파일 다운로드

* 원하는 자료가 없는 경우 '요청하기' 클릭!

2 동영상 강의를 어디서나 쉽게! 외국어부터 바둑까지!

STEP 1

[뉴] New 뱅크 일본어

박순애 지음
고스기 쇼이치 감수
세키 요코 편집위원

동양북스

[뉴] New
뱅크일본어 STEP 1

개정판 9쇄 | 2020년 3월 20일

지은이 | 박순애
발행인 | 김태웅
편집장 | 강석기
책임 편집 | 길혜진, 이선민
일러스트 | 우나연
디자인 | 정혜미, 남은혜
마케팅 | 나재승
제 작 | 현대순

발행처 | ㈜동양북스
등 록 | 제 2014-000055호
주 소 | 서울시 마포구 동교로22길 14 (04030)
구입 문의 | 전화 (02)337-1737 팩스 (02)334-6624
내용 문의 | 전화 (02)337-1762 dybooks2@gmail.com

ISBN 978-89-8300-741-4 14730
978-89-8300-740-7 14730 (세트 전6권)

머리말

요즘에는 옛날과 달리 여행을 목적으로 또는 비즈니스나 유학 등으로 외국나들이가 날로 잦아지고 있어서인지 외국과의 심리적 거리 또한 매우 가까워 지고 있습니다. 그리고 외국어의 필요와 그 수요도 영어, 일본어는 물론 중국어, 베트남어 등 다양해졌습니다. 또한 외국어 학습의 목표도 선진국의 기술 등을 배우기 위한 원서의 강독이나 번역의 차원을 넘어, 직접적인 커뮤니케이션으로 바뀌어 가고 있습니다. 따라서 외국어의 학습 방법이나 교수법, 교재 등도 이에 맞게 바뀌어야 할 것입니다.

이 교재는 이러한 점을 감안하여 일본어의 회화 운영 능력에 역점을 두고 쉽게 재미있게 자연스러운 일본어를 학습할 수 있도록 다음과 같은 사항을 중점적으로 다루었습니다.

- 사용빈도수가 높은 기본 어휘의 사용
- 회화에 꼭 필요한 문법 사항과 기본문형을 수록
- DRILL(회화연습)을 통하여 문법의 회화 응용과 말하기 연습 시도
- 듣기 연습을 통하여 청해력 향상
- 흥미와 이해를 돕기 위해 재미있는 삽화 구성

이 교재에서 쓰이고 있는 어휘나 문형, 표현 등은 실제로 회화에서 그대로 사용할 수 있는 것이므로 자연스런 일본어를 익힐 수 있으며, 차근차근 학습해 가는 동안, 학습자도 모르는 사이에 일본어 학습에 재미를 붙일 수 있을 거라 기대합니다.

부디 이 교재를 통하여 여러분의 일본어 학습에 큰 효과를 거두시기를 바라며, 끝으로 이 책을 만드는 데 많은 도움을 주신 세키 요코 씨와 일본어뱅크 임직원 여러분께 깊은 감사를 드립니다.

박순애

일러두기

01 이 교재의 학습 목표로는 크게 다음 세가지로 요약할 수 있습니다.

첫째, 일본어의 기본 문형과 기본 어휘 습득

둘째, DRILL(회화 연습)을 통하여 일본어 운용 능력 배양

셋째, 듣기 연습을 통한 청해력 향상

02 전체의 구성은 뉴 뱅크일본어 STEP 1이 unit01에서 unit03까지 문자와 발음, unit04에서 unit18, 뉴 뱅크일본어 STEP 2 unit01부터 unit15까지는 기초 문법 사항을 중심으로 한 회화 본문, unit16에서 unit18은 전화 회화, 편지 쓰기, 신문 읽기와 같은 내용으로 초보자라도 꼭 알아 두어야 할 기능적인 내용을 담았습니다.

03 한 과의 구성은 기본 문형을 이용한 본문과 POINT(문법과 문형), DRILL(회화 연습), LISTENING(듣기 훈련), WORD BANK(낱말과 표현), 쉬어가기로 구성되어 있습니다.

04 본문은 주로 일본의 한국 지사에서 근무하는 김동수 씨와 일본인 직원 다나카 씨, 그리고 같은 회사 동료인 이미연 씨를 중심으로 일어나는 일들을 소재로 하여 자연스러운 회화체 일본어로 엮었습니다.

05 문법과 문형에서는 그 과에서 새로 나온 문법 사항이나 문형의 응용 예문을 중심으로 본문에서 나온 어휘에도 꼭 알아 두어야 할 어휘 등을 수록하여 다양한 표현을 접할 수 있도록 하였습니다.

06 회화 연습에서는 그 과에서 꼭 익혀 두어야 할 구문을 중심으로 단순한 '바꾸어 말하기'가 아니라 그림을 보고 자신의 생각을 일본어로 표현하도록 구성되어 있습니다. 따라서 반드시 정답이 하나뿐인 것은 거의 없고 자신이 아는 단어를 이용하여 얼마든지 다양한 표현을 구사할 수 있도록 꾸몄습니다.

07 듣기 훈련에서는 듣고 쓰는 문제, 듣고 내용을 이해하여 해당하는 그림을 찾는 문제 등 다양하게 구성하였습니다. 그 과에서 배우지 않은 어휘는 낱말과 표현에 정리되어 있거나 문제의 그림 안에 힌트가 있으므로 어휘를 먼저 익힌 다음 CD를 듣는 것이 바람직합니다.

08 낱말과 표현은 각 과에서 새로 나온 어휘를 수록한 것으로 교과서에서 쓰인 뜻을 중심으로 정리하였으므로 보다 자세한 뜻은 사전을 보고 쓰인 뜻 이외의 의미 등을 찾아 개인의 단어장 등으로 이용하기 바랍니다.

09 MP3 CD에는 본문과 듣기 훈련, 낱말과 표현이 수록되어 있습니다. 본문은 내용학습이 끝난 다음이라도 계속해서 듣는 연습을 하여 완전히 자기 것으로 만들기 바라며, 듣기 문제 또한 실제 회화에서 쓰이는 다양한 표현이 들어 있으므로 반복해서 듣는 연습을 하면 상당한 수준의 청해력을 기를 수 있을 것입니다.

10 이 책에서 사용하고 있는 문법적인 용어 등은 기존의 문법에서 기초하였으나 다음과 같이 약칭을 붙인 것도 있습니다.

[動] : 動詞　　[動] -(る) : 動詞의 기본형(사전형)

[イ形] : イ形容詞,

[ナ形] : ナ形容詞, 形容動詞

[名] : 名詞

1 Group 動詞(一類動詞): 五段動詞

2 Group 動詞(二類動詞): 上一段動詞 · 下 一段動詞

3 Group 動詞(三類動詞): カ行変格動詞 · サ行変格動詞

11 뉴 뱅크일본어 STEP 1과 뉴 뱅크일본어 STEP 2에는 각각 종합 테스트를 부록으로 수록하여 학습성취도를 측정할 수 있도록 하였습니다.

12 부록에는 01. 동사 활용표, 02. 형용사 활용표, 03. 때를 나타내는 말, 04. 시간 날짜 기간을 나타내는 말, 05. 조수사, 06. 가족의 명칭 및 호칭, 07. 회화 연습모범답안과 듣기 훈련 스크립트가 수록되어 있습니다.

차례

Contents

Contents

주인공들

김동수

30대 초반으로 일본의 한국 지사에 근무하고 있으며 부서는 기획부이다. 노래와 등산을 좋아하며 아직 미혼이다.

(성우: 이사카 히로유키)

다나카

30대 초반으로 역시 기획부에 근무하는 일본인 직원으로 취미는 스키이다. 일본에 곧 결혼할 사람이 있다.

(성우: 이케베 도시히로)

이미연

20대 중반으로 김동수 씨와 다나카 씨와 같은 부서의 동료이다. 요리가 취미이며 아직 미혼이다.

(성우: 이토 교코)

Unit

01 文字와 発音 (1)

1. 五十音図 (ごじゅうおんず)

ひらがな					カタカナ				
あ	い	う	え	お	ア	イ	ウ	エ	オ
か	き	く	け	こ	カ	キ	ク	ケ	コ
さ	し	す	せ	そ	サ	シ	ス	セ	ソ
た	ち	つ	て	と	タ	チ	ツ	テ	ト
な	に	ぬ	ね	の	ナ	ニ	ヌ	ネ	ノ
は	ひ	ふ	へ	ほ	ハ	ヒ	フ	ヘ	ホ
ま	み	む	め	も	マ	ミ	ム	メ	モ
や	い	ゆ	え	よ	ヤ	イ	ユ	エ	ヨ
ら	り	る	れ	ろ	ラ	リ	ル	レ	ロ
わ	い	う	え	を	ワ	イ	ウ	エ	ヲ
ん					ン				

2. ひらがな

あ행　あ　い　う　え　お

① あい : 사랑
② いえ : 집
③ うえ : 위
④ え : 그림
⑤ おい : 조카

か행　か　き　く　け　こ

① かお : 얼굴
② きく : 국화
③ くき : 줄기
④ け : 털
⑤ こい : 잉어

さ행　さ　し　す　せ　そ

① さけ : 술
② しか : 사슴
③ すし : 초밥
④ せき : 좌석
⑤ そこ : 바닥

Unit 01

た행

た　ち　つ　て　と

① たけ : 대나무　② ち : 피

③ つき : 달　④ て : 손

⑤ とけい : 시계

な행

な　に　ぬ　ね　の

① なし : 배　② にく : 쇠고기

③ ぬの : 직물　④ ねこ : 고양이

⑤ のり : 김(해초)

は행

は　ひ　ふ　へ　ほ

① はな : 꽃　② ひと : 사람

③ ふえ : 피리　④ へそ : 배꼽

⑤ ほし : 별

ま행

ま　み　む　め　も

① まつ : 소나무
② みみ : 귀
③ むし : 벌레
④ め : 눈
⑤ もしもし : 여보세요

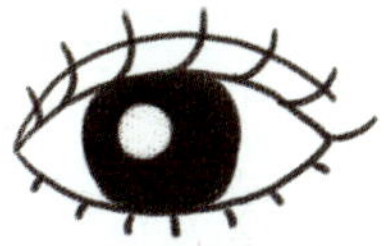

や행

や　ゆ　よ

① やま : 산
② のみや : 술집
③ ゆめ : 꿈
④ つゆ : 이슬
⑤ よめ : 며느리

ら행

ら　り　る　れ　ろ

① らく : 편안함
② りえき : 이익(利益)
③ るす : 부재중
④ れきし : 역사(歴史)
⑤ ろく : 6(숫자)

わ 행

わ

① わたし：나

② ゆびわ：반지

③ ～を：~을/를 (조사)

ん

① ほん：책

② かんこく：한국

Unit 02 文字와 発音 (2)

3. 濁音(だくおん)

が행	が	ぎ	ぐ	げ	ご

① がか : 화가
② ぎん : 은
③ ぐんじん : 군인
④ げた : 일본 나막신
⑤ ご : 5(숫자)

ざ행	ざ	じ	ず	ぜ	ぞ

① ざぶとん : 방석
② じしん : 지진
③ ず : 그림, 도면
④ ぜいきん : 세금
⑤ ぞう : 코끼리

Unit 02

だ행

だ　ぢ　づ　で　ど

① だいがく：대학　② はなぢ：코피

③ かんづめ：통조림　④ でんわ：전화

⑤ どろぼう：도둑

ば행

ば　び　ぶ　べ　ぼ

① ばら：장미　② びじん：미인

③ ぶた：돼지　④ こうべ：고베(지명)

⑤ ぼうし：모자

4. 半濁音(はんだくおん)

ぱ행

ぱ　ぴ　ぷ　ぺ　ぽ

① かんぱい：건배　② えんぴつ：연필

③ てんぷら：튀김　④ きんぺん：근처, 근방

⑤ たんぽぽ：민들레

5. 拗音(ようおん)

きゃ	きゅ	きょ
ぎゃ	ぎゅ	ぎょ

① きゃく : 손님
② ちきゅう : 지구
③ きょり : 거리
④ ぎゅうにゅう : 우유
⑤ きんぎょ : 금붕어

しゃ	しゅ	しょ
じゃ	じゅ	じょ

① しゃしん : 사진
② しゅじん : (자기)남편, 주인
③ しょくじ : 식사
④ じゅんび : 준비
⑤ じょせい : 여성

ちゃ	ちゅ	ちょ

① おちゃ : 차
② ちゅうしん : 중심
③ ちゅうもん : 주문
④ ちょくせつ : 직접(直接)
⑤ ちょきん : 저금

Unit 02

にゃ　　にゅ　　にょ

① こんにゃく：구약나물(곤약)　② にゅうがく：입학

③ ゆにゅう：수입　④ にょうぼう：처, 마누라

⑤ せんにょ：선녀(仙女)

ひゃ　　ひゅ　　ひょ

びゃ　　びゅ　　びょ

ぴゃ　　ぴゅ　　ぴょ

① ひゃく：백(百)　② ひょうげん：표현

③ さんびゃく：삼백(三百)　④ びょういん：병원

⑤ ぴょんぴょん：깡총깡총

みゃ　　みゅ　　みょ

① みゃく：맥, 맥박

② びみょう：미묘

③ みょうじ：성씨

りゃ　　りゅ　　りょ

① りゃくじ　：약자

② りゅうがく：유학

③ のうりょく：능력

6. 長音(ちょうおん)

あ段

① おかあさん：어머니　⇔　おかさん：오카 씨(오카:성씨의 하나)

② おばあさん：할머니　⇔　おばさん：아주머니

③ まあまあ：그럭저럭　⇔　まま(ママ)：마마(어머니)

い段

① いい：좋다　⇔　い：위(胃)

② おおきい：크다　⇔　おおき：大木(성씨의 하나)

③ おじいさん：할아버지　⇔　おじさん：아저씨

う段

① すうじ：숫자　⇔　すじ：근육

② つうち：통지(通知)　⇔　つち：흙

③ ゆうき：용기　⇔　ゆき：눈

え段

① めいし：명함 ⇔ めし：밥

② せいかい：정해, 정답 ⇔ せかい：세계

③ おねえさん：언니, 누나

お段

① おおい：많다 ⇔ おい：조카

② こおり：얼음 ⇔ こり：결림, 근육이 뻐근함

③ おとうさん：아버지

7. 促音（そくおん）

か行 앞 [k]

① さっか：작가

② はっきり：확실히, 분명히

③ そっくり：몽땅, 전부

④ せっけん：비누

⑤ がっこう：학교

さ行 앞 [s]

① あっさり：깨끗이, 간단히

② はっしん：발신

③ いっすん：일촌, 한 치

④ けっせき：결석

⑤ いっそ：차라리

た行 앞 [t]

① はったつ：발달

② がっちり：꼭, 꽉

③ やっつ：여덟

④ あさって：모레

⑤ おっと：(자기)남편

ぱ行 앞 [p]

① いっぱい：한잔

② いっぴき：한 마리

③ きっぷ：표(티켓)

④ いっぺん：한 번

⑤ いっぽう：한편

8. ん(撥音(はつおん))

ば、ぱ、ま行 앞 [m]

① えんぴつ : 연필
② せんぷうき : 선풍기
③ うんめい : 운명
④ せんべい : 쌀과자
⑤ ぶんぽう : 문법

か、が行 앞 [ŋ]

① ぶんか : 문화
② しんぎ : 심의
③ もんく : 불평
④ にんげん : 인간
⑤ かんこく : 한국

ざ、た、だ、な、ら行 앞 [n]

① かんじ : 한자
② おんち : 음치
③ ぶんつう : 펜팔, 편지 왕래
④ あんない : 안내
⑤ しんるい : 친척

あ、さ、は、や、わ行 앞 끝음의 ん [ŋ] 과 [n]의 중간음

① はんい : 범위
② けんさ : 검사
③ こんやく : 약혼
④ でんわ : 전화
⑤ せんもん : 전문

Unit

03 文字와 発音 (3)

カタカナ 연습

タクシー
(택시)

トラック
(트럭)

バス
(버스)

ボート
(보트)

テレビ
(텔레비전)

ドライヤー
(드라이어)

ノートパソコン
(노트북)

(MP3)プレーヤー
(MP3플레이어)

カーテン
(커튼)

ソファー
(소파)

テーブル
(테이블)

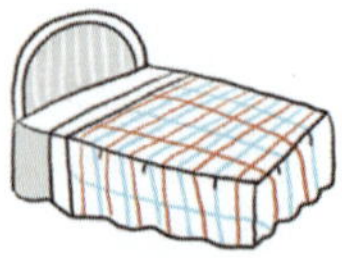

ベッド
(침대)

スーパー
(슈퍼마켓)

デパート
(백화점)

ビル
(빌딩)

レストラン
(레스토랑)

ウィスキー
(위스키)

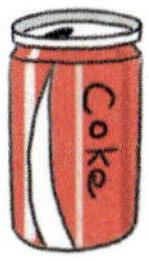

コーラ
(콜라)

ジュース
(주스)

ビール
(맥주)

ケーキ
(케이크)

チーズ
(치즈)

チョコレート
(쵸코렛)

スパゲッティ
(스파게티)

コーヒー
(커피)

コピー
(복사)

マナー
(매너)

マネー
(돈)

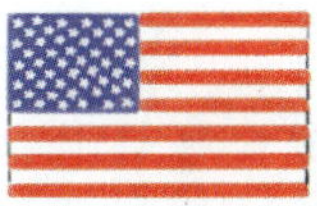

アメリカ
(미국)

イギリス
(영국)

ドイツ
(독일)

スペイン
(스페인)

インドネシア
(인도네시아)

フィリピン
(필리핀)

ロシア
(러시아)

オランダ
(네덜란드)

Unit 03

▶ 다음 말을 カタカナ로 옮겨봅시다 .

① banana

② tomato

③ milk

④ post

⑤ record

⑥ mirror

⑦ game

⑧ ball

⑨ back

⑩ tax

⑪ mat

⑫ pilot

⑬ partner

⑭ business

⑮ market

⑯ tour

⑰ hotel

⑱ computer

⑲ commercial

⑳ journalist

①バナナ ②トマト ③ミルク ④ポスト ⑤レコード ⑥ミラー ⑦ゲーム
⑧ボール ⑨バック ⑩タックス ⑪マット ⑫パイロット ⑬パートナー ⑭ビジネス
⑮マーケット ⑯ツアー ⑰ホテル ⑱コンピューター ⑲コマーシャル ⑳ジャーナリスト

Unit 04

はじめまして、田中(たなか)です。

1. ～は～です ~은 ~입니다
2. 인칭 대명사 / 지시 대명사
3. ～の ~의
4. ～さん ~씨, ~님
5. あいさつ 인사

회화

커피숍에서 처음 인사 나누기

金　李(イ)さん、ここです。

李　ああ、金(キム)さん。こんにちは。

金　こんにちは、李さん。こちらは日本(にほん)の田中(たなか)さんです。

田中　はじめまして、田中です。どうぞ、よろしく。

李　はじめまして、李です。

どうぞよろしくお願(ねが)いします。

Point

문법과 문형

1 …は…です ~은 ~입니다

(わたしは)李です。

(わたしは)会社員(かいしゃいん)です。

こちらは田中さんです。

2 人称代名詞

1人称	2人称	3人称	不定称
わたし わたくし ぼく	あなた きみ	かれ かのじょ	だれ

3 …の ~의

わたしの本(ほん)です。

田中さんはわたしの友達(ともだち)です。

こちらは日本の山田(やまだ)さんです。

4 指示代名詞

	近称	中称	遠称	不定称
物事	これ	それ	あれ	どれ
場所	ここ	そこ	あそこ	どこ
方向	こちら	そちら	あちら	どちら

New 뱅크 일본어

종합 TEST

入門 1

1과~18과

시험시간 : 50분
문 항 수 : 50문항
만 점 : 100점(50문항X2점)

동양북스

※ 다음 물음에 답하시오.

1. 저녁인사로 올바른 것은?

① おはよう　② こんにちは　③ こんばんは　④ はじめまして

2. 다음 중 표기가 잘못된 것은?

① おかあさん　② せかい　③ おねいさん　④ おおい

3. 다음 중 カタカナ 표기가 잘못된 것은?

① コーヒ　② ゲーム　③ ホテル　④ マーケット

4. 다음 중 액센트가 잘못된 것은?

① すし　② ねこ　③ もしもし　④ ほん

5. 다음 한자 읽기가 잘못된 것은?

① 日本語：にほんご　② 銀行員：きんこういん

③ 学生：がくせい　④ 会社員：かいしゃいん

※ 다음 (　　)에 들어갈 말은?

6. 山田さんは私(　　)友達です。

① が　② は　③ も　④ の

7. 休みは日曜日(　　)水曜日までです。

① は　② から　③ が　④ も

8. いち-に-さん-し·よん·よ-(　　)-ろく-しち·なな-はち-きゅう-じゅう

9.
A：はじめまして、 金です。(　　　　　　　　)。
B：はじめまして、 山田です。
　どうぞよろしくお願いします。

10.
A：今何時ですか。
B：(　　　　　　　　)です。

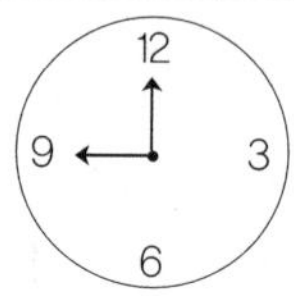

11. A：今日は何曜日ですか。
B：(　　　　　　　　　　)です。

日	月	火	水	木	金	土
		1	2	3	④	5
6	7	8	9	10	11	12

12. A：今日はセールですか。
B：いいえ、(　　　　　　　　　　)。

13. A：東京の冬は寒いですか。
B：いいえ、ソウルの冬よりは(　　　　　　　　　　)。

14. ソウルはとても(　　　　)雪も多いです。

① 涼しい　　② 寒い　　③ 涼しくて　　④ 寒くて

15. 李さんは背が(　　　　)です。

① 高い　　② 多い　　③ 安い　　④ おいしい

16. 日本語は(　　　　)難しくありません。

① とても　　② あまり　　③ 少し　　④ たくさん

17. 梨花女子大学は(　　　　)大学です。

① 有名だ　　② 有名に　　③ 有名な　　④ 有名で

18. あのレストランは(　　　　)雰囲気がいいです。

① 静かだ　　② 静かに　　③ 静か　　④ 静かで

19. 駅が近いです(　　　　)、便利です。

① は　　② が　　③ から　　④ まで

20. A：あそこの店はきれいですか
B：いいえ、(　　　　　　　　　　)。

※ 다음의 부분을 일본어로 옮기면?

21. わたしはスポーツが 좋아한다.

22. 日本語と英語と 어느 쪽을 잘합니까?

23. スポーツの中で 무엇을 제일 좋아합니까?

※ 다음 (　　　)에 들어갈말은?

24. わたしは秋(　　　)春の方が好きです。

① から　　② より　　③ まで　　④ でも

25. 値段も安い(　　　)、デザインもいいです。

① て　　② く　　③ も　　④ し

26. ここは以前、 学校(　　　)んです。

① かった　　② でした　　③ だった　　④ だ

27. ひとり - (　　　) - さんにん - よにん - ごにん - ろくにん - しちにん - はちにん - きゅうにん - じゅうにん

28. 숫자 읽기가 잘못된 것은?

① 100 - ひゅく　　② 400 - よんびゃく

③ 1,000 - せん　　④ 10,000 - いちまん

29. テーブルの上に何が(　　　　　　　　)。

30. A：日本語の本は(　　　　　　　　)。
B：カバンの中です。

31. きのうまで一万円ありましたが、 今は(　　　)ありません。

① 100円が　② 1,000円まで　③ 10円と　④ 1円も

32.
> A：すみません。 田中さんはどこに(　　　　　)。
> B：会議室に(　　　　　　　　　)。

33.
> A：韓国は美人が多いです。
> B：(　　　　　　　　　)。

① ありません　② いきません

③ そうですか　④ そうじゃありませんね

34. いちがつ－にがつ－さんがつ－(　　　　)－ごがつ－ろくがつ－しちがつ－はちがつ

35. ついたち－(　　　　)－みっか－よっか－いつか－むいか－なのか－ようか－ここのか－とおか

36. 毎朝(　　　　)起きますか。

① どこに　② 何時に　③ いつ　④ ときどき

37. あした日本から恋人が(　　　　)。

① 来ます　② 行きます　③ います　④ あります

38. 다음 물건을 세는 단위가 맞지 않는 것은?

① ハンカチ－個　② ネクタイ－本

③ ボールペン－本　④ 水－杯

39. きのう近くの飲み屋でお酒を(　　　　　　　)。

40. きのう、 デパートへ行きましたが、 何も(　　　　　)。

① 買います　② 買いました

③ 買いません　④ 買いませんでした

41. 偶然、 大学時代の先生(　　　　)会いました。

① に　　② で　　③ から　　④ へ

42. この書類をファックスで日本に(　　　　)ください。

① 行って　　② 送って　　③ 入れて　　④ 渡して

43. ボールペンで(　　　　)ください。

① 書く　　② 書きて　　③ 書いて　　④ 書って

44. 後ろに(　　　　)いる人が、 ご主人ですか。

① 立つ　　② 立ちて　　③ 立いて　　④ 立って

45. 田中さんはどこに(　　　　)いますか。

① 住みて　　② 住んで　　③ 住む　　④ 住んだ

46. 李さんはきれいなスカーフを(　　　　)います。

① きて　　② はめて　　③ はいて　　④ して

47.

A：いらっしゃい。どうぞ(　　　　)ください。 B：失礼します

① 来て　　② 行って　　③ あがって　　④ 食べて

48.

A：仕事を休んでもいいですか。 B：いいえ、(　　　　　　)。

① いけません　　② いいです　　③ かまいません　④わるいです

49. 駐車場に車が(　　　　　　)います。

50. 日本へ(　　　　)ときに買ったカメラです。

① 行くの　　② 行って　　③ 行った　　④ 行き

해 답 용 지

소속 :
성명 :

문제	해 답 란	문제	해 답 란
1	① ② ③ ④	26	① ② ③ ④
2	① ② ③ ④	27	
3	① ② ③ ④	28	① ② ③ ④
4	① ② ③ ④	29	
5	① ② ③ ④	30	
6	① ② ③ ④	31	① ② ③ ④
7	① ② ③ ④	32	
8		33	① ② ③ ④
9		34	
10		35	
11		36	① ② ③ ④
12		37	① ② ③ ④
13		38	① ② ③ ④
14	① ② ③ ④	39	
15	① ② ③ ④	40	① ② ③ ④
16	① ② ③ ④	41	① ② ③ ④
17	① ② ③ ④	42	① ② ③ ④
18	① ② ③ ④	43	① ② ③ ④
19	① ② ③ ④	44	① ② ③ ④
20		45	① ② ③ ④
21		46	① ② ③ ④
22		47	① ② ③ ④
23		48	① ② ③ ④
24	① ② ③ ④	49	
25	① ② ③ ④	50	① ② ③ ④
점수 :		(객관식 (　　)개)+(주관식 (　　)개) X 2	
진단평가	담당 선생님 :		

절취선

동양북스

가나·한자 쓰기노트

동양북스

가나 · 한자
쓰기노트

동양북스

|히라가나 청음清音| ‘청음’은 맑은 소리란 뜻.

あ 아[a]	一	ナ	あ	あ	あ	あ	あ

い 이[i]	し	い	い	い	い	い	い

う 우[u]	一	う	う	う	う	う	う

え 에[e]	一	え	え	え	え	え	え

お 오[o]	一	お	お	お	お	お	お

か 카[ka]	つ	カ	か	か	か	か	か

き 키[ki]	一	二	き	き	き	き	き

く 쿠[ku]	く	く	く	く	く	く	く

け 케[ke]	l	lー	け	け	け	け	け

こ 코[ko]	⁻	こ	こ	こ	こ	こ	こ

|히라가나 청음清音| '청음'은 맑은 소리란 뜻.

さ 사[sa]	一	さ	さ	さ	さ	さ	さ
し 시[shi]	し	し	し	し	し	し	し
す 스[su]	一	す	す	す	す	す	す
せ 세[se]	一	ナ	せ	せ	せ	せ	せ
そ 소[so]	そ	そ	そ	そ	そ	そ	そ

た 타[ta]	一	ナ	た	た	た	た	た

ち 치[chi]	一	ち	ち	ち	ち	ち	ち

つ 츠[tsu]	つ	つ	つ	つ	つ	つ	つ

て 테[te]	て	て	て	て	て	て	て

と 토[to]	丶	と	と	と	と	と	と

|히라가나 청음清音| '청음'은 맑은 소리란 뜻.

な 나[na]	一	ナ	な	な	な	な	な

に 니[ni]	ｌ	に	に	に	に	に	に

ぬ 누[nu]	ヽ	ぬ	ぬ	ぬ	ぬ	ぬ	ぬ

ね 네[ne]	ｌ	ね	ね	ね	ね	ね	ね

の 노[no]	の	の	の	の	の	の	の

문자							
は 하[ha]			は	は	は	は	は
ひ 히[hi]	ひ	ひ	ひ	ひ	ひ	ひ	ひ
ふ 후[fu]				ふ	ふ	ふ	ふ
へ 헤[he]	へ	へ	へ	へ	へ	へ	へ
ほ 호[ho]				ほ	ほ	ほ	ほ

|히라가나 청음清音|

'청음'은 맑은 소리란 뜻.

ま 마[ma]	一	二	ま	ま	ま	ま	ま

み 미[mi]	み	み	み	み	み	み	み

む 무[mu]	一	む	む	む	む	む	む

め 메[me]	丶	め	め	め	め	め	め

も 모[mo]	し	も	も	も	も	も	も

や 야[ya]	つ	う	や	や	や	や	や

ゆ 유[yu]	い	ゆ	ゆ	ゆ	ゆ	ゆ	ゆ

よ 요[yo]	‐	よ	よ	よ	よ	よ	よ

쓰기 어려운 글자 연습

え	お	そ
에	오	소
な	ぬ	み
나	누	미

|히라가나 청음清音| '청음'은 맑은 소리란 뜻.

ら 라[ra]		ら	ら	ら	ら	ら	ら

り 리[ri]		り	り	り	り	り	り

る 루[ru]	る	る	る	る	る	る	る

れ 레[re]		れ	れ	れ	れ	れ	れ

ろ 로[ro]	ろ	ろ	ろ	ろ	ろ	ろ	ろ

わ 와[wa]	｜	わ	わ	わ	わ	わ	わ

を 오[o]	一	㇐	を	を	を	を	を

ん 응[N]	ん	ん	ん	ん	ん	ん	ん

쓰기 어려운 글자 연습

め	ひ	る
메	히	루
れ	わ	を
레	와	오

|가타카나 청음清音|

'청음'은 맑은 소리란 뜻.

ア 아[a]	ア	ア	ア	ア	ア	ア

イ 이[i]	ノ	イ	イ	イ	イ	イ	イ

ウ 우[u]	ウ	ウ	ウ	ウ	ウ

エ 에[e]	一	エ	エ	エ	エ	エ

オ 오[o]	一	オ	オ	オ	オ	オ

カ 카[ka]	㇇	カ	カ	カ	カ	カ	カ

キ 키[ki]	一	二	キ	キ	キ	キ	キ

ク 쿠[ku]	ノ	ク	ク	ク	ク	ク	ク

ケ 케[ke]	ノ	𠂉	ケ	ケ	ケ	ケ	ケ

コ 코[ko]	㇕	コ	コ	コ	コ	コ	コ

|가타카나 청음清音|

'청음'은 맑은 소리란 뜻.

サ 사[sa]	一	十	サ	サ	サ	サ	サ
シ 시[shi]	、	ミ	シ	シ	シ	シ	シ
ス 스[su]	フ	ス	ス	ス	ス	ス	ス
セ 세[se]	一	セ	セ	セ	セ	セ	セ
ソ 소[so]	、	ソ	ソ	ソ	ソ	ソ	ソ

문자	1	2	3	4	5	6	7
タ 타[ta]	ノ	ク	タ	タ	タ	タ	タ
チ 치[chi]	ノ	二	チ	チ	チ	チ	チ
ツ 츠[tsu]	丶	丶丶	ツ	ツ	ツ	ツ	ツ
テ 테[te]	一	二	テ	テ	テ	テ	テ
ト 토[to]	丨	ト	ト	ト	ト	ト	ト

|가타카나 청음清音| '청음'은 맑은 소리란 뜻.

ナ 나[na]	一	ナ	ナ	ナ	ナ	ナ	ナ

二 니[ni]	一	二	二	二	二	二	二

ヌ 누[nu]	フ	ヌ	ヌ	ヌ	ヌ	ヌ	ヌ

ネ 네[ne]	丶	㇇	ネ	ネ	ネ	ネ	ネ

ノ 노[no]	ノ	ノ	ノ	ノ	ノ	ノ	ノ

ハ 하[ha]	ノ	ハ	ハ	ハ	ハ	ハ	ハ

ヒ 히[hi]	一	ヒ	ヒ	ヒ	ヒ	ヒ	ヒ

フ 후[fu]	フ	フ	フ	フ	フ	フ	フ

ヘ 헤[he]	ヘ	ヘ	ヘ	ヘ	ヘ	ヘ	ヘ

ホ 호[ho]	一	十	才	ホ	ホ	ホ	ホ

|가타카나 청음清音|
'청음'은 맑은 소리란 뜻.

マ
마[ma]

ミ
미[mi]

ム
무[mu]

メ
메[me]

モ
모[mo]

ヤ 야[ya]	㇇	ヤ	ヤ	ヤ	ヤ	ヤ	ヤ

ユ 유[yu]	㇇	ユ	ユ	ユ	ユ	ユ	ユ

ヨ 요[yo]	㇇	㇇	ヨ	ヨ	ヨ	ヨ	ヨ

헷갈리는 글자 똑바로 쓰기

シ	ツ	コ	ユ
시	츠	코	유
オ	ネ	ホ	モ
오	네	호	모

|가타카나 청음清音|

'청음'은 맑은 소리란 뜻.

ラ

라[ra]

リ

리[ri]

ル

루[ru]

レ

레[re]

ロ

로[ro]

ワ 와[wa]	ｌ	ワ	ワ	ワ	ワ	ワ	ワ

ヲ 오[o]	一	二	ヲ	ヲ	ヲ	ヲ	ヲ

ン 응[N]	丶	ン	ン	ン	ン	ン	ン

헷갈리는 글자 똑바로 쓰기

ソ	ン	ラ	ヲ
소	응	라	오

|히라가나 탁음濁音| 「か/さ/た/は」 행 글자 오른쪽 상단에 탁점 [゛] 표기.

が 가[ga]	つ	カ	か	が	が	が	が

ぎ 기[gi]	一	二	き	ぎ	ぎ	ぎ	ぎ

ぐ 구[gu]	く	ぐ	ぐ	ぐ	ぐ	ぐ	ぐ

げ 게[ge]	l	lー	け	げ	げ	げ	げ

ご 고[go]	¬	こ	ご	ご	ご	ご	ご

ざ 자[za]	一	さ	ざ	ざ	ざ	ざ	ざ

じ 지[ji]	し	じ	じ	じ	じ	じ	じ

ず 즈[zu]	一	す	ず	ず	ず	ず	ず

ぜ 제[ze]	一	十	せ	ぜ	ぜ	ぜ	ぜ

ぞ 조[zo]	そ	ぞ	ぞ	ぞ	ぞ	ぞ	ぞ

|히라가나 탁음濁音| 「か/さ/た/は」행 글자 오른쪽 상단에 탁점 [゛] 표기.

だ 다[da]	一	ナ	た	た	だ	だ	だ

ぢ 지[ji]	一	ち	ち	ぢ	ぢ	ぢ	ぢ

づ 즈[zu]	つ	づ	づ	づ	づ	づ	づ

で 데[de]	て	で	で	で	で	で	で

ど 도[do]	ヽ	と	ど	ど	ど	ど	ど

ば 바[ba]	l	に	は	ば	ば	ば	ば
び 비[bi]	ひ	び	び	び	び	び	び
ぶ 부[bu]	゛	ぅ	ふ	ぶ	ぶ	ぶ	ぶ
べ 베[be]	へ	べ	べ	べ	べ	べ	べ
ぼ 보[bo]	l	に	に	ほ	ぼ	ぼ	ぼ

|가타카나 탁음濁音| 「カ/サ/タ/ハ」행 글자 오른쪽 상단에 탁점 [゛] 표기.

ガ 가[ga]	フ	カ	ガ	ガ	ガ	ガ	ガ

ギ 기[gi]	一	二	キ	ギ	ギ	ギ	ギ

グ 구[gu]	ノ	ク	グ	グ	グ	グ	グ

ゲ 게[ge]	ノ	ㇰ	ケ	ゲ	ゲ	ゲ	ゲ

ゴ 고[go]	㇇	コ	ゴ	ゴ	ゴ	ゴ	ゴ

ザ 자[za]	一	十	サ	ザ	ザ	ザ	ザ

ジ 지[ji]	ヽ	ヾ	シ	ジ	ジ	ジ	ジ

ズ 즈[zu]	フ	ス	ズ	ズ	ズ	ズ	ズ

ゼ 제[ze]	一	セ	ゼ	ゼ	ゼ	ゼ	ゼ

ゾ 조[zo]	ヽ	ソ	ゾ	ゾ	ゾ	ゾ	ゾ

|가타카나 탁음 濁音| 「カ/サ/タ/ハ」행 글자 오른쪽 상단에 탁점 [゛] 표기.

ダ 다[da]	ノ	ク	タ	ダ	ダ	ダ	ダ

ヂ 지[ji]	ノ	二	チ	ヂ	ヂ	ヂ	ヂ

ヅ 즈[zu]	丶	丷	ツ	ヅ	ヅ	ヅ	ヅ

デ 데[de]	一	二	テ	デ	デ	デ	デ

ド 도[do]	丨	ト	ド	ド	ド	ド	ド

문자							
バ 바[ba]	ノ	ハ	バ	バ	バ	バ	バ
ビ 비[bi]	一	ヒ	ビ	ビ	ビ	ビ	ビ
ブ 부[bu]	フ	ブ	ブ	ブ	ブ	ブ	ブ
ベ 베[be]	ヘ	ベ	ベ	ベ	ベ	ベ	ベ
ボ 보[bo]	一	ナ	オ	ホ	ボ	ボ	ボ

|히라가나 반탁음半濁音| 「は」행에 상단에 반탁음 부호 [°] 표기.

ぱ
파[pa]
ｌ	に	は	ぱ	ぱ	ぱ	ぱ

ぴ
피[pi]
ひ	ぴ	ぴ	ぴ	ぴ	ぴ	ぴ

ぷ
푸[pu]
ヽ	ろ	ふ	ふ	ぷ	ぷ	ぷ

ぺ
페[pe]
へ	ぺ	ぺ	ぺ	ぺ	ぺ	ぺ

ぽ
포[po]
ｌ	に	に	ほ	ぽ	ぽ	ぽ

|가타카나 반탁음 半濁音| 「ハ」행에 상단에 반탁음 부호 [°] 표기.

パ 파[pa]	ノ	ハ	パ	パ	パ	パ	パ
ピ 피[pi]	一	ヒ	ピ	ピ	ピ	ピ	ピ
プ 푸[pu]	フ	プ	プ	プ	プ	プ	プ
ペ 페[pe]	ヘ	ペ	ペ	ペ	ペ	ペ	ペ
ポ 포[po]	一	ナ	才	ホ	ポ	ポ	ポ

|히라가나 요음拗音|

「い단」의 글사(いきしちにひみりぎじぢびぴ) 옆에 「や, ゆ, よ」를 조그맣게 써서 표기합니다.

きゃ 캬[kya]	きゃ	きゅ 큐[kyu]	きゅ	きょ 쿄[kyo]	きょ

ぎゃ 갸[gya]	ぎゃ	ぎゅ 규[gyu]	ぎゅ	ぎょ 교[gyo]	ぎょ

しゃ 샤[sha]	しゃ	しゅ 슈[shu]	しゅ	しょ 쇼[sho]	しょ

じゃ 쟈[ja]	じゃ	じゅ 쥬[ju]	じゅ	じょ 죠[jo]	じょ

ちゃ 챠[cha]	ちゃ	ちゅ 츄[chu]	ちゅ	ちょ 쵸[cho]	ちょ

にゃ 냐[nya]	にゃ	にゅ 뉴[nyu]	にゅ	にょ 뇨[nyo]	にょ

|히라가나 요음[拗音]|

「い단」의 글자(いきしちにひみりぎじぢびぴ) 옆에 「や, ゆ, よ」를 조그맣게 써서 표기합니다.

ひゃ 햐[hya]	ひゃ	ひゅ 휴[hyu]	ひゅ	ひょ 효[hyo]	ひょ

びゃ 뱌[bya]	びゃ	びゅ 뷰[byu]	びゅ	びょ 뵤[byo]	びょ

ぴゃ 퍄[pya]	ぴゃ	ぴゅ 퓨[pyu]	ぴゅ	ぴょ 표[pyo]	ぴょ

みゃ 먀[mya]	みゃ	みゅ 뮤[myu]	みゅ	みょ 묘[myo]	みょ

りゃ 랴[rya]	りゃ	りゅ 류[ryu]	りゅ	りょ 료[ryo]	りょ

|가타카나 요음拗音|

「イ단」의 글자(イキシチニヒミリギジヂビピ) 옆에 「ヤ, ユ, ヨ」를 조그맣게 써서 표기합니다.

キャ 캬[kya]	キャ	キュ 큐[kyu]	キュ	キョ 쿄[kyo]	キョ

ギャ 갸[gya]	ギャ	ギュ 규[gyu]	ギュ	ギョ 교[gyo]	ギョ

シャ 샤[sha]	シャ	シュ 슈[shu]	シュ	ショ 쇼[sho]	ショ

ジャ	ジャ	ジュ	ジュ	ジョ	ジョ
쟈[ja]		쥬[ju]		죠[jo]	

チャ	チャ	チュ	チュ	チョ	チョ
챠[cha]		츄[chu]		쵸[cho]	

ニャ	ニャ	ニュ	ニュ	ニョ	ニョ
냐[nya]		뉴[nyu]		뇨[nyo]	

|가타카나 요음拗音|

「イ단」의 글자(イキシチニヒミリギジヂビピ) 옆에 「ヤ, ユ, ヨ」를 조그맣게 써서 표기합니다.

ヒャ 햐[hya]	ヒャ	ヒュ 휴[hyu]	ヒュ	ヒョ 효[hyo]	ヒョ

ビャ 뱌[bya]	ビャ	ビュ 뷰[byu]	ビュ	ビョ 뵤[byo]	ビョ

ピャ 퍄[pya]	ピャ	ピュ 퓨[pyu]	ピュ	ピョ 표[pyo]	ピョ

ミャ 먀[mya]	ミャ	ミュ 뮤[myu]	ミュ	ミョ 묘[myo]	ミョ

リャ 랴[rya]	リャ	リュ 류[ryu]	リュ	リョ 료[ryo]	リョ

한자쓰기

한자	훈음
家	집 가
歌	노래 가
強	강할 강
開	열 개
去	갈 거
建	세울 건
犬	개 견
京	서울 경
計	셀 계
界	지경 계
古	옛 고

考
생각할 고
工
장인 공
空
빌 공
館
집 관
広
넓을 광
教
가르칠 교
口
입 구
究
궁구할 구
帰
돌아올 귀
近
가까울 근
急
급할 급

起								
일어날 기	起 起 起 起 起 起 起 起 起 起							
多								
많을 다	多 多 多 多 多 多							
茶								
차 다(차)	茶 茶 茶 茶 茶 茶 茶 茶 茶							
答								
대답할 답	答 答 答 答 答 答 答 答 答 答 答 答							
堂								
집 당	堂 堂 堂 堂 堂 堂 堂 堂 堂 堂 堂							
代								
대신할 대	代 代 代 代 代							
台								
돈대 대	台 台 台 台 台							
待								
기다릴 대	待 待 待 待 待 待 待 待 待							
貸								
빌릴 대	貸 貸 貸 貸 貸 貸 貸 貸 貸 貸 貸 貸							
図								
그림 도	図 図 図 図 図 図 図							
度								
법도 도	度 度 度 度 度 度 度 度 度							

道	길 도
冬	겨울 동
同	한가지 동
動	움직일 동
旅	나그네 려
力	힘 력
料	헤아릴 료
理	다스릴 리
立	설 립
売	팔 매
妹	손아래누이 매

한자	뜻·음	필순
買	살 매	買 買 買 買 買 買 買 買 買 買 買 買
勉	힘쓸 면	勉 勉 勉 勉 勉 勉 勉 勉 勉 勉
明	밝을 명	明 明 明 明 明 明 明 明
目	눈 목	目 目 目 目 目
文	글월 문	文 文 文 文
問	물을 문	問 問 問 問 問 問 問 問 問 問 問
味	맛 미	味 味 味 味 味 味 味 味
飯	밥 반	飯 飯 飯 飯 飯 飯 飯 飯 飯 飯 飯 飯
発	필 발	発 発 発 発 発 発 発 発 発
方	모 방	方 方 方 方
別	다를 별	別 別 別 別 別 別 別

글자	쓰는 순서
病	
병 병	病 病 病 病 病 病 病 病 病 病
步	
걸을 보	步 步 步 步 步 步 步 步
服	
옷 복	服 服 服 服 服 服 服 服
不	
아니 불	不 不 不 不
写	
베낄 사	写 写 写 写 写
仕	
벼슬 사	仕 仕 仕 仕 仕
死	
죽을 사	死 死 死 死 死 死
社	
단체 사	社 社 社 社 社 社 社
私	
사사 사	私 私 私 私 私 私 私
事	
일 사	事 事 事 事 事 事 事 事
使	
부릴 사	使 使 使 使 使 使 使 使

한자	뜻과 음
思	생각 사
色	빛 색
夕	저녁 석
世	세상 세
少	적을 소
送	보낼 송
習	익힐 습
始	비로소 시
試	시험할 시
新	새로울 신
室	방 실

心	마음 심
悪	나쁠 악
楽	풍류 악
安	편안할 안
野	들 야
洋	바다 양
魚	물고기 어
言	말씀 언
業	업 업
駅	역참 역
研	갈 연

英								
꽃부리 영	英 英 英 英 英 英 英 英							
映								
비칠 영	映 映 映 映 映 映 映 映 映							
屋								
집 옥	屋 屋 屋 屋 屋 屋 屋 屋 屋							
曜								
빛날 요	曜 曜 曜 曜 曜 曜 曜 曜 曜 曜 曜 曜 曜 曜 曜 曜 曜 曜							
用								
쓸 용	用 用 用 用 用							
牛								
소 우	牛 牛 牛 牛							
運								
돌 운	運 運 運 運 運 運 運 運 運 運 運 運							
元								
으뜸 원	元 元 元 元							
院								
집 원	院 院 院 院 院 院 院 院 院 院							
有								
있을 유	有 有 有 有 有 有							
肉								
고기 육	肉 肉 肉 肉 肉 肉							

漢字	훈음
銀	은 은
飮	마실 음
医	의원 의
意	뜻 의
以	써 이
字	글자 자
自	스스로 자
姉	손위누이 자
者	놈 자
作	지을 작
場	마당 장

한자	뜻·음
赤	붉을 적
田	밭 전
転	구를 전
店	가게 점
正	바를 정
町	밭두둑 정
弟	아우 제
題	제목 제
早	이를 조
朝	아침 조
鳥	새 조

足

발 족

族

겨레 족

終

마칠 종

主

주인 주

注

물댈 주

走

달릴 주

住

살 주

週

돌 주

昼

낮 주

重

무거울 중

止

그칠 지

地

땅 지

知

알 지

持

가질 지

紙

종이 지

真

참 진

質

바탕 질

集

모일 집

借

빌릴 차

着

붙을 착

青

푸를 청

体

몸 체

한자	훈음
秋	가을 추
春	봄 춘
親	친할 친
通	통할 통
特	유다를 특
品	물건 품
風	바람 풍
夏	여름 하
漢	한나라 한
海	바다 해
驗	시험할 험

兄

형 형 兄 兄 兄 兄 兄

花

꽃 화 花 花 花 花 花 花 花

画

그림 화 画 画 画 画 画 画 画 画

会

모을 회 会 会 会 会 会 会

黒

검을 흑 黒 黒 黒 黒 黒 黒 黒 黒 黒 黒 黒

5 …さん ~씨, ~님

田中さん，こんにちは。

朴(パク)さんは学生(がくせい)です。

6 あいさつ 인사

おはようございます。

こんにちは。

こんばんは。

はじめまして。

どうぞよろしく(お願いします)。

Drill

회화 연습

1 예와 같이 말해 보세요.

ex はじめまして。金○○です。
日本語(にほんご)の教師(きょうし)です。どうぞよろしくお願いします。

1 
2 
3 
4 

2 예와 같이 말해 보세요.

ex こちらは ＿＿＿＿＿＿＿＿ さんです。
学生です。

1

2

3

듣기 훈련

1 내용을 듣고 ____에 들어갈 말을 써 넣으세요.

男1： はじめまして。すずきです。
　　　どうぞよろしくお願(ねが)いします。
男2： ________。金です。
　　　________________。
　　　すずきさん、 ______やまださんです。
女： やまだです。どうぞよろしくお願いします。
男1： ______どうぞよろしくお願いします。

일본인과 처음 만났을 때

일본인과 처음 만날 때 명함을 준비해 두는 것이 좋다. 일본에서는 직장인뿐만 아니라 대학생들도 가지고 있을 정도로 일반적이다. 그리고 처음 만났을 때의 인사말은「はじめまして」「どうぞよろしくお願いします」와 같은 표현이 정해져 있으므로, 외워 두었다가 그대로 사용해도 된다. 우리말의 '안녕하세요'는 처음 보는 사람이나 매일 보는 사람이나 상관없이 쓰이지만, 일본어에서는 처음 만났을 때는「はじめまして」라고 하고 아침, 점심, 저녁에 따라 인사말이 다르므로 구별해서 사용해야 한다.

낱말과 표현

Conversation

～さん ~씨/님

ここ 여기, 이곳

～です ~입니다

ああ 아아, 아(긍정 · 동의를 나타내는 소리)

こんにちは 안녕하세요(낮 인사.「は」는 [wa]로 발음하는 것에 주의)

こちら 이쪽

～は ~은/는([wa]로 발음한다.)

日本にほん 일본

田中たなか(姓) 다나카 (일본의 성(姓) 중의 하나이다)

はじめまして 처음 뵙겠습니다

どうぞ 부디, 아무쪼록(부탁이나 희망의 말을 할 때)
자, 어서(상대편에게 무엇을 허락하거나 권유할 때 쓰는 말)

よろしく 잘(부탁합니다)

お願ねがいします 부탁합니다

Point

わたし 나, 저(1인칭대명사)

会社員かいしゃいん 회사원

わたくし 저(「わたし」보다 공손한 표현)

ぼく 나(남자가 동등하거나 손아래의 상대에 대해 쓰는 허물없는 말)

あなた 당신(윗사람에게는 못 쓴다)

きみ 자네, 너(아랫사람에게 쓴다)

かれ 그, 그 사람, 그 남자(애인이나 남편인)그이, 저이

かのじょ 그녀, 그 여자, 저 여자, (어떤 남성의) 연인

だれ 누구

本ほん 책

友達ともだち 친구, 친구들(단수와 복수형이 같다)

山田やまだ(姓) 야마다(성)

これ・それ・あれ・どれ 이것 · 그것 · 저것 · 어느 것

ここ・そこ・あそこ・どこ 여기 · 거기 · 서기 · 어디

こちら・そちら・あちら・どちら 이쪽 · 그쪽 · 저쪽 · 어느 쪽

あいさつ 인사

おはようございます 안녕하세요(아침인사)

こんばんは 안녕하세요(저녁인사.「は」는 [wa]로 발음하는 것에 주의)

Drill

日本語にほんご 일본어

教師きょうし 교사 ≒ 先生せんせい 선생(님)

学生がくせい 학생

銀行員ぎんこういん 은행원

軍人ぐんじん 군인

쉬어가기

일본 지역

일본의 수도는 도쿄(東京)이며 면적은 377,835km², 인구는 약 1억 3천 만 명이다.

1개 도(都＝東京都), 1개 도(道＝北海道), 2개 부(府＝大阪府·京都府), 43개 현(県)으로 구성된 47개 행정 구역과 홋카이도(北海道), 도호쿠(東北), 간토(関東), 주부(中部), 긴키(近畿), 주고쿠(中国), 시코쿠(四国), 규슈(九州), 8개의 지방이 있다. 기후는 홋카이도를 제외한 대부분의 지역이 온대 기후에 속하며 사계절이 뚜렷하다. 3월에서 5월이 봄, 6월에서 8월이 여름, 9월에서 11월이 가을, 12월에서 2월까지가 겨울이다. 5월 하순부터 7월말까지 우리나라와 같이 장마(梅雨(つゆ))가 있다. 후지산을 비롯하여 살아 있는 화산이 많이 있어 지진과 온천이 많은 것이 특징이다.

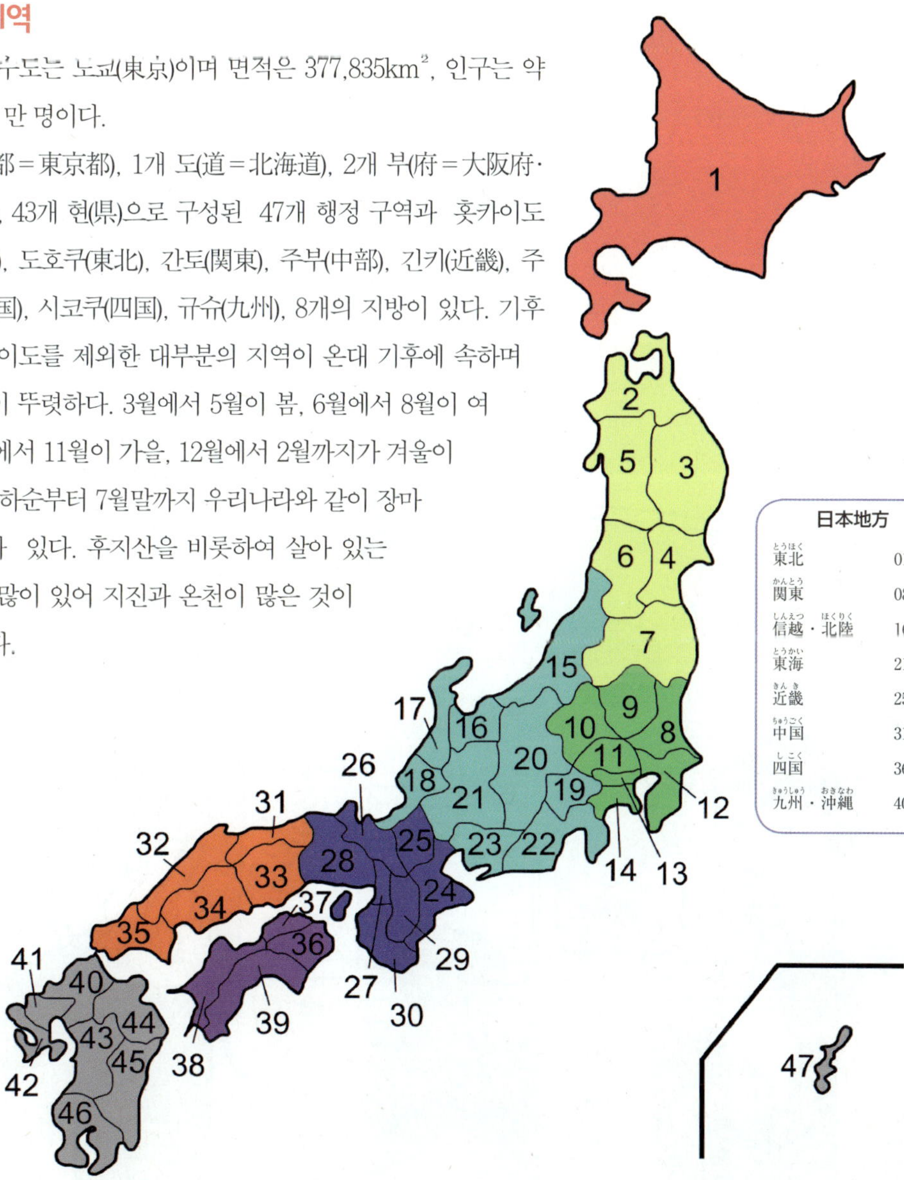

日本地方

東北(とうほく)	01-07
関東(かんとう)	08-15
信越(しんえつ)・北陸(ほくりく)	16-20
東海(とうかい)	21-24
近畿(きんき)	25-30
中国(ちゅうごく)	31-35
四国(しこく)	36-39
九州(きゅうしゅう)・沖縄(おきなわ)	40-47

Unit

05

今(いま)、何時(なんじ)ですか。

1. ～は～ですか ~은 ~입니까
2. はい、～は～です 예, ~은 ~입니다
3. いいえ、～は～では(じゃ)ありません
   아니요, ~은 ~이 아닙니다
4. ～から～まで ~부터 ~까지
5. 숫자/시간/요일 읽기

Conversation

회화

다나카 씨가 김동수 씨에게 백화점 영업 시간에 대해 묻고 있다.

田中　金(キム)さん。今(いま)、何時(なんじ)ですか。

金　9時(くじ)です。

田中　デパートは何時からですか。

金　10時半(じゅうじはん)からです。

10時半から午後(ごご)8時(はちじ)までです。

田中　休(やす)みはいつですか。

金　毎週月曜日(まいしゅうげつようび)です。

田中　じゃ、今日(きょう)は休みですか。

金　いいえ、今日は休みじゃありません。

特別(とくべつ)セールです。

Point

문법과 문형

1 …は…ですか ~은 ~입니까

朴(パク)さんは会社員(かいしゃいん)ですか。

今日(きょう)は休(やす)みですか。

2 はい、…は…です 예, ~은 ~입니다

はい、朴さんは会社員(かいしゃいん)です。

はい、今日は休みです。

3 いいえ、…は…では(じゃ)ありません 아니요, ~은 ~이 아닙니다

いいえ、朴さんは学生(がくせい)ではありません。

いいえ、今日は休みじゃありません。

4 …から…まで ~부터 ~까지

会社(かいしゃ)は9時(くじ)から6時(ろくじ)までです。

休(やす)みは水曜日(すいようび)から土曜日(どようび)までです。

5 숫자 읽기

1	2	3	4	5
いち	に	さん	し・よん・よ	ご
6	7	8	9	10
ろく	しち・なな	はち	きゅう・く	じゅう

6 (何)時 (何)分 (몇)시 (몇)분

1時	2時	3時	4時	5時	6時
いちじ	にじ	さんじ	よじ	ごじ	ろくじ
7時	8時	9時	10時	11時	12時
しちじ	はちじ	くじ	じゅうじ	じゅういちじ	じゅうにじ
1分	2分	3分	4分	5分	6分
いっぷん	にふん	さんぷん	よんぷん	ごふん	ろっぷん
7分	8分	9分	10分	20分	40分
ななふん	はっぷん (はちふん)	きゅうふん	じゅっぷん (じっぷん)	にじゅっぷん (にじっぷん)	よんじゅっぷん (よんじっぷん)

7 (何)曜日 (무슨) 요일

月曜日	火曜日	水曜日	木曜日
げつようび	かようび	すいようび	もくようび
金曜日	土曜日	日曜日	何曜日
きんようび	どようび	にちようび	なんようび

8 いつ 언제

<table>
<tr><td colspan="2">おととい 그저께</td><td colspan="2">きのう 어제</td><td colspan="2">今日(きょう) 오늘</td><td colspan="2">あした 내일</td><td colspan="2">あさって 모레</td></tr>
<tr><td colspan="5">午前(ごぜん) 오전</td><td colspan="5">午後(ごご) 오후</td></tr>
<tr><td colspan="3">朝(あさ) 아침</td><td colspan="4">昼(ひる) 낮</td><td colspan="3">夜(よる) 저녁・밤</td></tr>
</table>

Drill

Unit 05

회화 연습

1 예와 같이 말해 보세요.

ex 今、何時ですか。
→ 8時です。

1 

2 

3 

4 

2 예와 같이 말해 보세요.

ex テストはいつからいつまでですか。
→ 月曜日から水曜日までです

1

2

3

듣기 훈련

1 예와 같이 내용과 맞으면 ○표, 틀리면 ×표를 하세요.

ex	1	2
 (X)	 ( )	 ( )
3	**4**	**5**
 ( )	 ( )	 ( )

2 내용을 듣고 예와 같이 시간을 써 넣으세요.

ex	1	2
 (9:30～4:00)	 (～)	 (～)
3	**4**	**참고**
 (～)	 ひるやすみ (～)	 テスト (5月8日～11日)

Word Bank 낱말과 표현

Conversation

今いま 지금

何時なんじ 몇 시

～ですか ~입니까

～時じ ~시

デパート 백화점

～から ~에서, ~부터, ~으로(부터)

半はん 반

午後ごご 오후

～まで ~까지

休やすみ 휴식, 휴가

いつ 언제

毎週まいしゅう 매주

月曜日げつようび 월요일

じゃ 그럼, 그러면

今日きょう 오늘

いいえ 아니요

～じゃありません ~이 아닙니다

特別とくべつ セール 특별 세일

Point

はい 예, 네

何分なんぷん 몇 분

何曜日なんようび 무슨 요일

月曜日げつようび 월요일

火曜日かようび 화요일

水曜日すいようび 수요일

木曜日もくようび 목요일

金曜日きんようび 금요일

土曜日どようび 토요일

日曜日にちようび 일요일

おととい 그저께

きのう 어제

あした 내일

あさって 모레

午前ごぜん 오전

朝あさ 아침

昼ひる 점심

夜よる 밤

晩ばん 밤, 저녁

Drill

テスト 테스트, 시험

Listening

銀行ぎんこう 은행

郵便局ゆうびんきょく 우체국

病院びょういん 병원

昼休ひるやすみ 점심 휴식

쉬어가기

신체부위

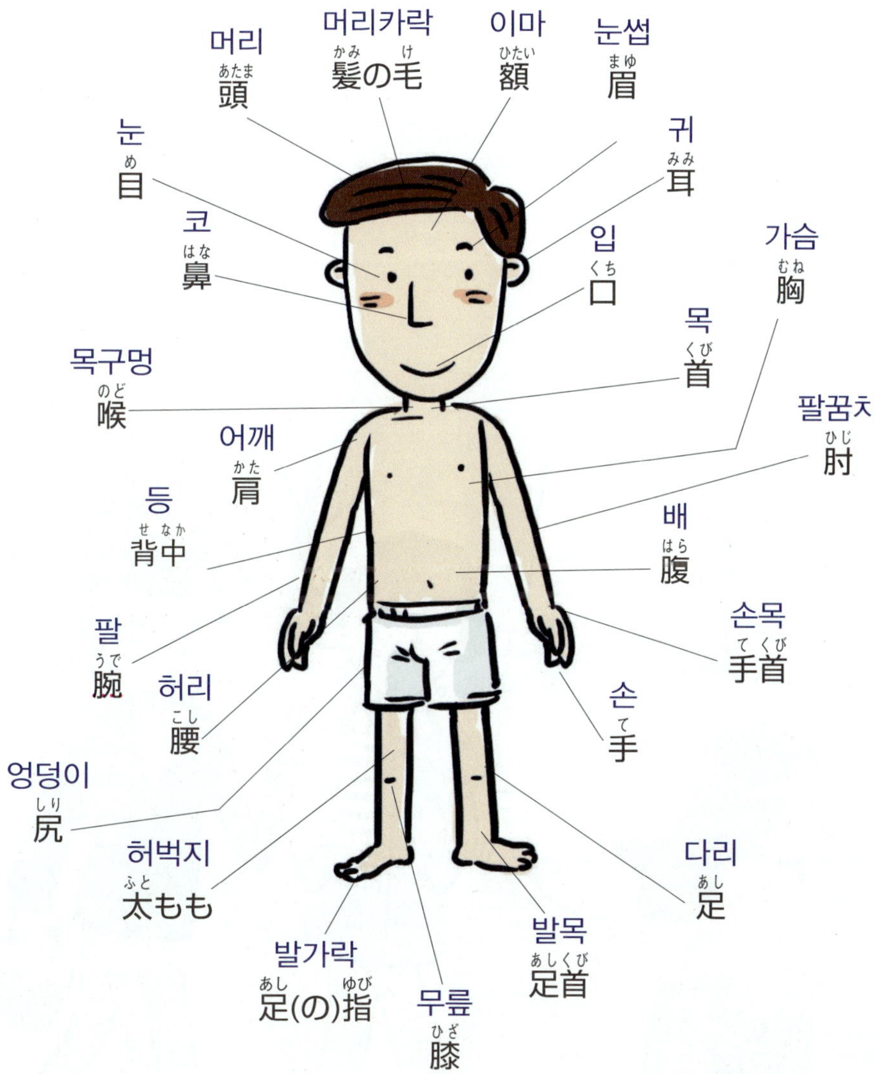
머리
あたま
頭
머리카락
かみ け
髪の毛
이마
ひたい
額
눈썹
まゆ
眉
눈
め
目
귀
みみ
耳
코
はな
鼻
입
くち
口
가슴
むね
胸
목
くび
首
목구멍
のど
喉
팔꿈치
ひじ
肘
어깨
かた
肩
등
せ なか
背中
배
はら
腹
손목
て くび
手首
팔
うで
腕
허리
こし
腰
손
て
手
엉덩이
しり
尻
다리
あし
足
허벅지
ふと
太もも
발목
あしくび
足首
발가락
あし ゆび
足(の)指
무릎
ひざ
膝

Unit 06

とても寒いですね。

1. イ形ーいです(か) ~(ㅂ)니다(~(ㅂ)니까)
2. イ形ーい名 ~한 ~
3. イ形ーくて ~고
4. イ形ーくありません(=くないです) ~지 않습니다
5. あまり＋否定 그다지+부정

Conversation

회화

계절은 겨울, 추위에 대해 이야기 중.

金　今日は寒いですね。零下10度ですよ。

田中　うあー。零下10度ですか。

金　それに風も強いですね。本当に寒い日ですね。
　今日は…。日本はどうですか。

田中　そうですね。日本も北海道は寒くて雪も多いですよ。

金　そうですか。じゃ、東京の冬はどうですか。

田中　東京の冬はソウルより寒くありません。
　零下の日はあまりありませんよ。

金　そうですか。いいですね。

Point

문법과 문형

1 イ形 ーいです(か) ~(ㅂ)니다(~(ㅂ)니까)

ソウルの冬(ふゆ)は寒(さむ)いです。

日本語の勉強(べんきょう)はおもしろいですか。

2 イ形 ーい 名 ~한~

おもしろい本(ほん)です。

安(やす)い物(もの)です。

3 イ形 ーくて ~고

寒(さむ)くて風(かぜ)も強(つよ)いです。

安(やす)くて品質(ひんしつ)もいいです。

4 イ形 ーくありません(=くないです) ~지 않습니다

わたしの部屋(へや)は広(ひろ)くありません。

日本語は難(むずか)しくありません。

5 あまり＋否定 그다지+부정

あまり寒(さむ)くありません。

あまり安(やす)くありません。

6 …が／…も／…より ~가 / ~도 / ~보다 〈助詞(じょし)〉

こちらが田中(たなか)さんです。

田中さんも会社員(かいしゃいん)です。

ソウルは東京(とうきょう)より寒(さむ)いです。

7 …ね／…よ 〈終助詞(しゅうじょし)〉

おいしいですね。

零下(れいか)10度(ど)ですよ。

8 語句(ごく)

とても 매우

金(キム)さんはとても背(せ)が高(たか)いです。

このパソコンはとても軽(かる)いですね。

회화 연습

1 그림을 보고 예와 같이 묻고 답하세요 .

ex 寒(さむ)い？

Q : 北海道(ほっかいどう)は寒(さむ)いですか。

A : はい、とても寒(さむ)いです。

1 高(たか)い？

Q :

A :

2 友達(ともだち)が多(おお)い？

Q :

A :

3 背(せ)が高(たか)い？

Q :

A :

4 広(ひろ)い？

Q :

A :

자주 쓰이는 イ形容詞(けいようし)

(1)	白(しろ)い(하얗다)	↔	黒(くろ)い(까맣다)	(7)	遅(おそ)い(늦다)	↔	早(はや)い(이르다)
(2)	明(あか)るい(밝다)	↔	暗(くら)い(어둡다)	(8)	高(たか)い(높다)	↔	低(ひく)い(낮다)
(3)	暖(あたた)かい(따뜻하다)	↔	涼(すず)しい(서늘하다)	(9)	近(ちか)い(가깝다)	↔	遠(とお)い(멀다)
(4)	新(あたら)しい(새롭다)	↔	古(ふる)い(낡다)	(10)	長(なが)い(길다)	↔	短(みじか)い(짧다)
(5)	熱(あつ)い(뜨겁다)	↔	冷(つめ)たい(차갑다)	(11)	大(おお)きい(크다)	↔	小(ちい)さい(작다)
(6)	おいしい(맛있다)	↔	まずい(맛없다)	(12)	多(おお)い(많다)	↔	少(すく)ない(적다)

Listening

듣기 훈련

1 내용을 듣고 예와 같이 a,b 중 어느 쪽에 해당하는지 ◯표를 하세요.

ex

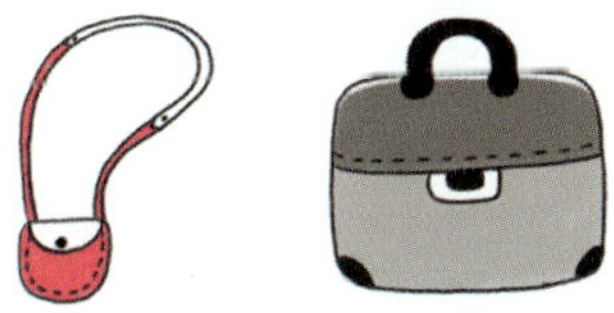

a　　ⓑ

1

a　　b

2

a　　b

3

a　　b

4

a　　b

5

a　　b

6

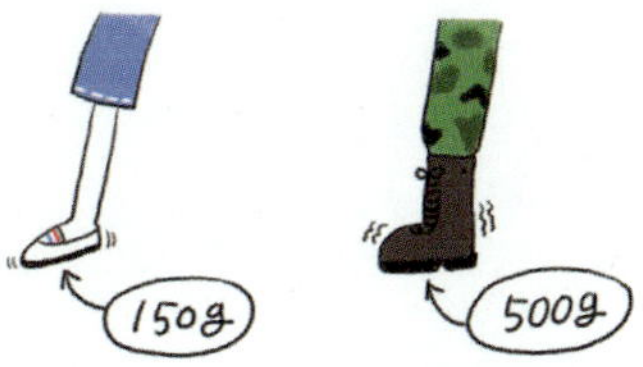

a　　b

7

a　　b

낱말과 표현

Conversation

寒さむい ↔ 暑あつい 춥다↔덥다

零下れいか 영하

～度ど ~도

それに 게다가, 더욱이

風かぜ 바람

強つよい ↔ 弱よわい 세다↔약하다

本当ほんとうに 정말로, 진심으로

日ひ ~날, ~일

どうですか 어떻습니까?

～も ~도[역시, 또한]

北海道ほっかいどう 홋카이도(일본의 지명)

とても 매우

雪ゆき 눈

多おおい ↔ 少すくない 많다 ↔ 적다

東京とうきょう 도쿄(일본의 수도)

春はる・夏なつ・秋あき・冬ふゆ 봄 · 여름 · 가을 · 겨울

～より ~보다, ~에 비하여

あまり 그다지

ありません 없습니다

いい(=よい) ↔悪わるい 좋다 ↔ 나쁘다

部屋へや 방

広ひろい ↔ 狭せまい 넓다↔좁다

難むずかしい ↔ 易やさしい 어렵다↔쉽다

おいしい 맛있다

パソコン PC(Personal Computer)

軽かるい ↔ 重おもい 가볍다↔무겁다

Point

勉強べんきょう 공부

おもしろい 재미있다

安やすい 싸다

物もの 물건

品質ひんしつ 품질

Listening

かばん 가방

ビル 빌딩 * ビール 맥주

物価ぶっか 물가

英語えいご 영어

靴くつ 구두

人ひと 사람

쉬어가기

일본인의 성씨 베스트 20

일본인의 성씨는 약 27만 개 정도로, 우리나라 성씨보다 훨씬 많고 한문 읽는 것 또한 어렵다. 아래는 일본에서 가장 많이 쓰이는 성씨를 인구수대로 순위를 매긴 것이다. 외워 두자.

순위	성씨	인구
01	佐藤(さとう)	약 1,928,000
02	鈴木(すずき)	약 1,707,000
03	高橋(たかはし)	약 1,416,000
04	田中(たなか)	약 1,336,000
05	渡辺(わたなべ)	약 1,135,000
06	伊藤(いとう)	약 1,080,000
07	山本(やまもと)	약 1,077,000
08	中村(なかむら)	약 1,058,000
09	小林(こばやし)	약 1,019,000
10	斎藤(さいとう)	약 980,000
11	加藤(かとう)	약 860,000
12	吉田(よしだ)	약 835,000
13	山田(やまだ)	약 816,000
14	佐々木(ささき)	약 716,000
15	山口(やまぐち)	약 641,000
16	松本(まつもと)	약 634,000
17	井上(いのうえ)	약 610,000
18	木村(きむら)	약 584,000
19	林(はやし)	약 541,000
20	清水(しみず)	약 524,000

Unit 07 いつもにぎやかです。

1. ナ形ーです ~(ㅂ)니다
2. ナ形ーでは(じゃ)ありません(=では(じゃ)ないです)
   ~지 않습니다.
3. ナ形ーな[名] ~한 ~
4. ナ形ーで ~고
5. ~から ~기 때문(에)
6. ~んです ~(인 것)입니다

Conversation 회화

이화여대 앞에서의 대화

田中　ここはにぎやかですね。

金　ここは大学(だいがく)の街(まち)ですから、いつもにぎやかです。

田中　大学(だいがく)？

金　はい、梨花女子大学(イファじょしだいがく)です。歴史(れきし)が長(なが)くて、学生(がくせい)のレベルも高(たか)いんですよ。

田中　ああ、あの有名(ゆうめい)な女子大(じょしだい)の梨花女子大学(イファじょしだいがく)ですか。

金　それでおしゃれな店(みせ)が多(おお)いんですよ。

田中　レストランも多いですね。

金　ええ。静(しず)かで雰囲気(ふんいき)がいいレストランも多いんです。

Point

문법과 문형

1 ナ形 ーです ~(ㅂ)니다

明洞(ミョンドン)はいつもにぎやかです。

あそこの店は親切(しんせつ)です。

2 ナ形 ーでは(じゃ)ありません(=では(じゃ)ないです) ~지 않습니다

あのレストランは親切じゃありません。

ここはきれいじゃありません。

3 ナ形 ーな 名 ~한~

静(しず)かな部屋(へや)です。

有名(ゆうめい)な大学です。

예외 同(おな)じ物(もの)です。

4 ナ形 ーで ~고

あのレストランは静かで雰囲気(ふんいき)がいいです。

李(イ)さんはきれいで親切です。

5 …から ~기 때문(에)

あしたは日曜日ですから、会社は休みです。

駅が近いですから、土地が高いです。

6 …んです ~(인 것)입니다

イ形 ーいんです	ナ形 ーなんです	名 ーなんです
人が少ないんです。 頭が痛いんです。	暇なんです。 まじめなんです。	学校なんです。 仕事なんです。

7 こ・そ・あ・ど

近称	中称	遠称	不定称
この	その	あの	どの

8 語句

(1) それで 그래서

李さんはとても親切です。それで友達が多いんです。

ここは駅から近いです。それで土地が高いんです。

(2) 外来語의 ナ形容詞

ビッグ(な)　　シャープ(な)

ハード(な)　　ナイーブ(な)

회화 연습

1 그림을 보고 예와 같이 묻고 답하세요.

ex にぎやか？
Q：にぎやかですか。
A：いいえ、にぎやかじゃありません。

1 きれい？

Q :
A :

2 有名？

Q :
A :

3 暇(ひま)？

Q :
A :

4 重要(じゅうよう)？

Q :
A :

2 예와 같이 말해 보세요.

ex にぎやか(な)＋所(ところ) → にぎやかな所

同じ(な)	静か(な)	きれい(な)
親切(な)	暇(な)	有名(な)
新しい	おいしい	忙しい
大きい	高い	広い

大学	レストラン
人	店
時	所

듣기 훈련

1 내용을 듣고 예와 같이 해당하는 기호에 ◯표를 하세요.

ex

a

b (circled)

c

d

1

a

b

c

d

2

a

b

c

d

3

a

b

c

d

Word Bank

낱말과 표현

Conversation

にぎやか 북적북적함(번화한 모습)

大学だいがく 대학(교)

街まち 거리

～から ~기 때문(에)

いつも 언제나, 늘

女子じょし 여자

歴史れきし 역사

レベル 수준 ▶ level

～んです ~(인 것)입니다

あの 저, 그

有名ゆうめい 유명, 유명함

女子大じょしだい 여자대학교, 여대

～の ~의, ~인

それで 그래서, 그러한 이유로

おしゃれ 멋쟁이(모양을 냄)

店みせ 가게

レストラン 레스토랑 ▶ restaurant

静しずか 조용함

雰囲気ふんいき 분위기

Point

親切しんせつ 친절, 친절함

きれい 깨끗함, 예쁨

駅えき 역

土地とち 토지

少すくない 적다

頭あたま 머리

痛いたい 아프다

暇ひま 한가함

まじめ 성실함

仕事しごと 일(직업)

この・その・あの・どの 이·그·저·어느

ビッグ 큼, 대규모 ▶ big

シャープ 명석함, 날카로움 ▶ sharp

ハード 딱딱함, 엄격함 ▶ hard

ナイーブ 순박함, 순진함 ▶ naive

Drill

重要じゅうよう 중요, 중요함

忙いそがしい 바쁘다

所ところ 곳, 장소

とき 때

Listening

コーヒーショップ 커피 숍 ▶ coffee shop

バッグ 백, 가방▶ bag

赤あかい 빨갛다

恋人こいびと 애인, 연인

쉬어가기

일본 한자의 훈독

일본어에서 한자는 매우 중요한 역할을 한다. 아래의 설명을 참조 하여 첫걸음부터 한자 공부에 충실하지 않으면 안 된다.

일본어 한자에는 크게 훈독과 음독이 있다. 음독은 한자 그대로의 음을 읽는 것이고, 훈독은 한자의 뜻을 새기어 읽는 것이다. 우리나라 한자 읽기와 달리 훈독이 여러 개인 경우가 많다.

예 1 '学' 과 '生' 을 한자 그대로의 음으로 읽으면 「がく」「せい」 '학생' 이라는 뜻이 되고 이것을 훈으로 읽으면 다음과 같다.

学

まなぶ 배우다

生

いきる 살다, いかす 살리다,
うまれる 태어나다, うむ 잉태하다, 낳다,
おう 성장하다, はえる 나다,
き 순수함, なま 날 것

예 2 '中'「ちゅう」 '止'「し」 '중지'

中

なか 안, 속

止

とどまる 머물다, とめる 말리다,
やむ 그치다, やめる 그만두다,
よす 중지하다.

고급에서는 훈+훈, 음+훈 등의 여러 가지 한자 읽기가 있어 어려워지기 때문에 처음부터 기초를 잘 다져 가야 한다.

Unit 08

歌(うた)が好(す)きですか。

1. ～が好きです/きらいです ~를 좋아합니다/싫어합니다
2. ～が上手です/下手です ~를 잘합니다/못합니다
3. ～と～とどちらが～ですか ~와 ~중에서 어느 쪽이 ~(ㅂ)니까
4. ～は～より～です ~은 ~보다 ~(ㅂ)니다
5. (～の中で)～が一番～です (~중에서) ~가 제일 ~(ㅂ)니다
6. ～が、～です ~지만, ~(ㅂ)니다

Conversation

회화

퇴근할 무렵, 김동수 씨가 다나카 씨에게 노래방에 가자고 권한다.

金　田中さん、田中さんは歌が好きですか。

田中　歌ですか。歌はちょっと…。下手なんです。金さんは？

金　わたしは上手じゃありませんが、大好きです。

田中　韓国は歌が好きな人が多いですね。

　　金さんは演歌とポップスと、どちらが好きですか。

金　歌は何でも好きです。今晩いっしょにどうですか。

田中　ええ！？今晩ですか。今晩はちょっと忙しくて…。

金　そうですか。じゃ、仕方がないですね。

Point

문법과 문형

1 …が好(す)きです／きらいです ~을 좋아합니다 / 싫어합니다

わたしはスポーツが好きです。

朴(パク)さんは宿題(しゅくだい)がきらいです。

2 …が上手(じょうず)です／下手(へた)ですか ~을 잘합니다 / 못합니다

金(キム)さんは日本語が上手ですか。

李(イ)さんは歌(うた)が下手です。

3 …と…とどちらが…ですか ~와 ~중에서 어느 쪽이 ~(ㅂ)니까

Q : 春(はる)と秋(あき)とどちらが好きですか。

A : 春です。

Q : 日本語と英語とどちらが上手ですか。

A : 英語より日本語の方(ほう)が上手です。

4 …は…より…です ~은 ~보다 ~(ㅂ)니다

ソウルは釜山(プサン)より大きいです。

ソウルは東京より寒いです。

5 (…の中^{なか}で) …が一番^{いちばん}…です (~중에서) ~가 제일 ~(ㅂ)니다

Q : スポーツの中で何が一番好きですか。

A : テニスが一番好きです。

6 …が、…です ~지만, ~(ㅂ)니다

歌は上手じゃありませんが、好きです。

サッカーは好きですが、テニスはきらいです。

회화 연습

1 그림을 보고 예와 같이 묻고 답하세요.

ex ソウルと釜山とどちらが大きいですか。

→ 釜山よりソウルの方が大きいです。

1

2

3

ex スポーツの中で何が一番好きですか。

→ テニスが一番好きです。

4

5

Listening

듣기 훈련

1 내용을 듣고 예와 같이 해당하는 칸에 체크하세요.

	好き a	きらい b	上手 c	下手 d
ex 歌  すずき				V
1 サッカー  すずき				
2 スキー  すずき				
3 テニス  すずき				
4 野球(やきゅう)  キム				

Word Bank

낱말과 표현

Conversation

歌うた 노래

好すき ↔ きらい 좋아함↔싫어함

下手へた ↔ 上手じょうず 서투름↔능숙함

～なんです ~(인 것)입니다

大好だいすき ↔ 大だいきらい 매우 좋아함↔매우 싫어함

演歌えんか 우리나라의 트롯트와 비슷한 일본 노래 장르

ポップス 팝송, 유행가 ▶pops

何なんでも 무엇이든지

今晩こんばん 오늘 밤

いっしょに 같이, 함께

仕方しかたがない 어쩔 도리가 없다, 할 수 없다

ない 없다

Point

スポーツ 스포츠 ▶ sports

宿題しゅくだい 숙제

方ほう ~쪽, ~방향, ~편

～の中なかで ~중에서

一番いちばん 제일, 가장

Drill

テニス 테니스 ▶ tennis

季節きせつ 계절

外国語がいこくご 외국어

Listening

サッカー 축구 ▶ soccer

野球やきゅう 야구

対たい 대

チーム 팀 ▶ team

ピッチャー 투수 ▶ pitcher

쉬어가기

일본 유명 산 베스트 10

일본에서 가장 높고 큰 산은 후지산이다. 이 산에는 7월에서 9월까지만 오를 수 있는데, 이도 날씨가 아주 좋은 날에만 가능하다. 오르는 길은 많이 있으며 5합째(五合目<ごごうめ>)까지는 차로 올라가고 정상까지는 걸어서 올라간다. 올라가는 도중 산소가 많이 부족하여 노인이나 허약한 사람은 일회용 산소를 가지고 오른다. 정상에 올라가면 우체국이 있어 세계 어느 곳에라도 엽서 등을 보낼 수 있으며 발 밑으로 떠있는 구름을 보고 있으면 날고 있는 기분까지 든다. 한 가지 더 재미있는 것은 기압의 차이로 지상에서 산 과자봉지가 정상에서는 풍선처럼 부풀거나 터져 버린다.

* 合目(ごうめ) : 거리나 높이에 상관 없이 등산의 어려움 정도에 따라 10분에 1로 나눈 거리를 나타내는 말.

산	높이
01. 富士山ふじさん	3,776m
02. 北岳きただけ	3,192m
03. 奥穂高岳おくほたかだけ	3,190m
04. 間ノ岳あいのだけ	3,189m
05. 槍ケ岳やりがたけ	3,180m
06. 悪沢岳わるさわだけ	3,141m
07. 赤石岳あかいしだけ	3,120m
08. 涸沢岳からさわだけ	3,110m
09. 北穂高岳きたほたかだけ	3,106m
10. 大喰岳おおばみだけ	3,101m

〈후지산〉

Unit 09

おいしかったですよ。

1. イ形ーかった(ん)です ~었습니다
2. イ形ーくありませんでした ~지 않았습니다
3. ナ形 / 名ーでした/だったんです ~였습니다
4. ～し ~고
5. 숫자 읽기/조수사(사람 세는 법)

Conversation

회화

부산여행에서 돌아온 다나카 씨에게 김동수 씨가 이것저것 물어본다.

金　田中さん、釜山旅行はどうでしたか。

田中　いやー、よかったですよ。

景色もいいし、食べ物もおいしかったですよ。

金　何が一番おいしかったですか。

田中　刺身です。海が近いですから、新鮮で安かったんです。

金　いくらだったんですか。

田中　わたしたちは５人でしたが、全部で50,000ウォンでした。

金　え？50,000ウォン？安いですね。

やっぱり釜山ですね。

田中　それに、町の人もとても親切でした。

本当に楽しかったです。

Point

문법과 문형

① イ形 ーかった(ん)です ~었습니다
ーくありませんでした（＝なかったです） ~지 않았습니다

あの映画(えいが)はとてもおもしろかったですよ。

テストはあまり難(むずか)しくありませんでした。

② ナ形／名ーでした／だったんです ~였습니다

昔(むかし)、この店(みせ)はとても有名(ゆうめい)でした。

以前(いぜん)、ここは学校(がっこう)だったんです。

ああ、先生(せんせい)だったんですか

③ …し ~고

値段(ねだん)も安(やす)いし、デザインもいいです。

会社(かいしゃ)から遠(とお)いし、交通(こうつう)も不便(ふべん)です。

4 何人(なんにん) 몇 사람

一人	二人	三人	四人	五人
ひとり	ふたり	さんにん	よにん	ごにん
六人	七人	八人	九人	十人
ろくにん	しちにん (ななにん)	はちにん	きゅうにん	じゅうにん

1. 「一名(いちめい)」「二名(にめい)」「三名(さんめい)」……로 읽기도 한다.

2. 11명 이후는 「じゅういちにん」「じゅうににん」……과 같이 읽는다.

5 숫자 읽기

10	20	30	40	50	60	70	80	90
じゅう	にじゅう	さんじゅう	よんじゅう	ごじゅう	ろくじゅう	ななじゅう	はちじゅう	きゅうじゅう
100	200	300	400	500	600	700	800	900
ひゃく	にひゃく	さんびゃく	よんひゃく	ごひゃく	ろっぴゃく	ななひゃく	はっぴゃく	きゅうひゃく
1000	2000	3000	4000	5000	6000	7000	8000	9000
せん	にせん	さんぜん	よんせん	ごせん	ろくせん	ななせん	はっせん	きゅうせん

10,000이후는 「いちまん」「にまん」「さんまん」……과 같이 읽는다.

6 語句

(1) 全部で 전부해서

希望者(きぼうしゃ)は全部(ぜんぶ)で14人(にん)です。

(2) やっぱり(やはり) 역시

カルビはやっぱり韓国(かんこく)のカルビが一番(いちばん)ですね。

회화 연습

1 예와 같이 묻고 답하세요.

釜山

ex おいしい？
Q : 釜山の刺身はおいしかったですか。
A : はい、とてもおいしかったです。

きのう

1 忙しい？

Q :
A :

おととい

2 おもしろい？

Q :
A :

むかし

3 静か？

Q :
A :

有名

4 有名？

Q :
A :

2 그림을 보고 「~し」를 이용하여 말해 보세요.

1

2

Listening

Unit 09

듣기 훈련

1 내용을 듣고 예와 같이 금액을 써 넣으세요.

ex

₩ 2,500

1

₩

2

₩

3

₩

4

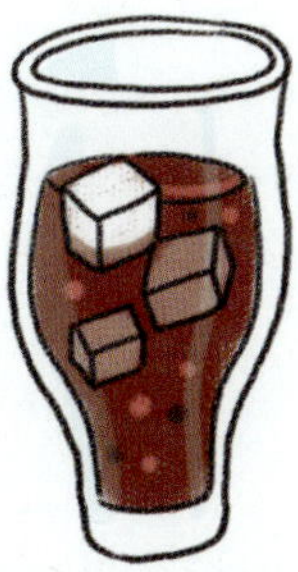

₩

5

₩

낱말과 표현

Conversation

旅行りょこう 여행

～でしたか ~이었습니까?

景色けしき 경치

～し ~고

食べ物たべもの 먹는 음식

何なに 무엇

刺身さしみ 생선회

海うみ 바다

新鮮しんせん 신선함, 싱싱함

いくら 얼마

わたしたち 우리들

5人ごにん 5명, 5인

全部ぜんぶ で 전부 합해서

ウォン 「원」의 カタカナ 표기

やっぱり 역시 = やはり

町の人まちのひと 동네 사람들 cf) 街(まち) 거리

楽たのしい 즐겁다

不便ふべん 불편, 불편함

何人なんにん 몇 사람, 몇 명

希望者きぼうしゃ 희망자

カルビ '갈비' 의 カタカナ 표기

Point

映画えいが 영화

昔むかし 옛날
(기준이 애매하지만 최소한 1년 이상일 경우를 나타낸다.)

以前いぜん 이전

学校がっこう 학교

値段ねだん 값

デザイン 디자인 ▶ design

会社かいしゃ 회사

交通こうつう 교통

Listening

いらっしゃいませ 어서 오세요.(주로 가게에 찾아온 손님을 맞이하는 인사말.)

ラーメン 라면(인스턴트 라면은「インスタントラーメン」이라고 하고, 보통「ラーメン」이라면 손으로 직접 만든 면을 가리킨다.)

コーヒー 커피 ▶coffee

シャツ 셔츠 ▶ shirt

車くるま 자동차

コーラ 콜라 ▶ cola

フランス 프랑스 ▶ France

쉬어가기

敷金(しききん)과 礼金(れいきん)

일본에서 집을 얻을 때 알아 두어야 할 사항이다.

일본은 우리와 같이 '전세' 라는 개념이 없고, '월세' 가 대부분입니다. 보증금(敷金)과 월세를 내는 것은 우리와 비슷하지만, 여기에 추가로 礼金(れいきん)이라는 일본 특유의 권리금이 추가된다.

敷金(しききん)

월세보증금과 같은 개념으로 담보로 집주인에게 맡기는 돈이다. 보통 1~3개월치 월세에 해당하는 금액을 내고, 나중에 집을 나갈 때 돌려받는다. 단, 집을 나갈 때 월세가 밀렸거나 다타미 교체와 방의 훼손 여부를 확인하여 제한 것을 돌려 받는다.

礼金(れいきん)

礼金은 전쟁직후 일본이 주택난이었을 때, 집을 빌려줘서 고맙다는 표시로 집주인에게 주던 사례금이 시초라고 한다. 이것은 도쿄 지역을 중심으로 이어진 일본의 관행이라고 하며 보통 1~3개월치 월세에 해당하는 돈을 집주인에게 주는데, 敷金과 달리 집을 나갈 때 돌려받지 못한다. 지역에 따라서는 집이 많아져 경쟁으로 인해 礼金과 敷金을 받지 않고 빌려 주는 곳이 많아지는 추세다.

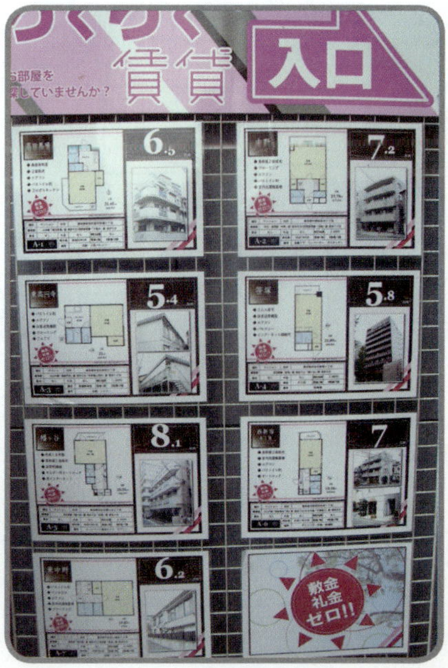

Unit 10

どこにありますか。

1. (事物)は(場所)にあります ~은 ~에 있습니다
2. ありません 없습니다
6. ありませんでした 없었습니다
4. ありました 있었습니다
5. ～が ~는데, ~만

Conversation

회화

다나카 씨가 김동수 씨에게 회의 서류가 어디 있는지 묻고 있다.

田中　金さん。月曜日(げつようび)の会議(かいぎ)の書類(しょるい)はどこにありますか。

金　会議の書類(しょるい)ですか。わたしの机(つくえ)の上(うえ)にありませんか。

田中　机の上ですか。机の上には何(なに)もありませんが…。

金　え？ありませんか。じゃ、引(ひ)き出(だ)しの中(なか)は？

田中　引き出し？どの引き出しですか?

金　一番下(いちばんした)の引き出しです。

田中　えー…。

金　右(みぎ)の方(ほう)です。

田中　右、右…あっ、ありました。

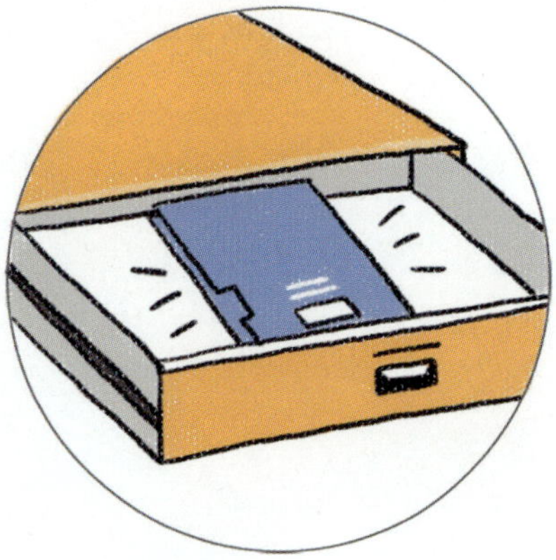

Point

문법과 문형

① (事物)は (場所)に あります ~은 ~에 있습니다

めがねはテーブルの上にあります。

会社は江南(カンナム)にあります。

② ありません／ありませんでした／ありました 없습니다/ 없었습니다/ 있었습니다

引(ひ)き出(だ)しの中(なか)にはありません。

さいふの中にもありませんでした。

かぎはソファーの下(した)にありました。

3 何か／何も 무엇인가 / 아무것도

Q ： 引き出しの中に何かありますか。

A ： いいえ、何もありません。/はい、あります。

4 …が ~는데, ~만 <接続助詞>

ボールペンはありましたが、ホワイトはありませんでした。

きのうまで一万円(いちまんえん)ありましたが、今は一円もありません。

회화 연습

1 그림을 보고 예와 같이 묻고 답하세요.

ex めがねはどこにありますか。

→ めがねはテーブルの上にあります。

1

2

3

4

2 위의 예문을 이용하여 다음과 같이 연습하세요.

Q : テーブル の上 に何かありますか。

A : はい、 ______________________________。

Q : 何がありますか。

A : __________________________ があります。

듣기 훈련

1 내용을 듣고 예와 같이 해당하는 장소에 번호를 쓰세요.

[2]日本語の本 □リンゴ □しんぶん □ざっし

□くつした □めがね □ラケット

Word Bank

낱말과 표현

Conversation

会議かいぎ 회의

書類しょるい 서류

～に ~에

机つくえ 책상

上うえ ↔ 下した 위 ↔ 아래

何なにも 아무것도(부정문에 쓰인다)

引き出しひきだし 서랍

中なか 안, 속

下した 밑, 아래

右みぎ ↔ 左ひだり 오른쪽↔왼쪽

Point

めがね 안경

テーブル 테이블 ▶ table

さいふ 지갑

かぎ 열쇠

ソファー 소파 ▶ sofa

ボールペン 볼펜 ▶ ballpoint pen

ホワイト 화이트(틀린 글자를 지우는 것)

一万円いちまんえん 만엔(「一」이 붙는다)

左 ひだり

右 みぎ

上 うえ

下 した

Drill

公園こうえん 공원

トイレ 화장실 ▶ toilet

階段かいだん 계단

Listening

靴下くつした 양말

テレビ 텔레비전 ▶ television

リンゴ 사과

箱はこ 상자

雑誌ざっし 잡지

ベッド 침대 ▶ bed

中 なか

となり

よこ

うしろ

前 まえ

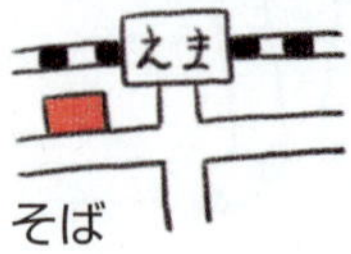

そば

近く ちか

쉬어가기

일본의 화폐

일본의 화폐 단위는 엔(円, ¥)이고, 동전과 지폐로 구성되어 있다.

동전

1엔은 어린 나무가, 5엔은 농업과 공업을 상징하는 벼 이삭과 물, 톱니바퀴가 새겨져 있고 '행운의 동전' 이라고도 하는데 5엔이라는 말을 「御縁」으로 쓰게 되면 인연이라는 뜻이 되기 때문이다. 10엔은 세계문화유산으로 지정된 평등원(平等院) 봉황당이라는 절이, 50엔에는 국화 꽃이 새겨져 있다. 100엔은 일본의 국화인 벚꽃이, 500엔짜리 동전의 뒷면에는 오동나무가 새겨져 있다.

1円　5円　10円　50円　100円　500円

지폐

1000엔은 앞면에 일본의 의학자로서 노벨상 후보까지 올랐던 노구치 히데요(野口英世)가, 뒷면에는 일본의 대표적인 산인 후지산과 벚꽃이 있다.

2000엔짜리의 앞면에는 오키나와에 있는 세계문화유산인 수리성(首里城)의 수례문(守礼門)이, 뒷면에는 일본의 유명한 소설 「겐지모노가타리(源氏物語)」의 그림과 작자인 무라사키 시키부(紫式部)의 초상화가 그려져 있다.

5000엔은 앞면에 19세기 말의 여류 소설가인 히구치 이치요(樋口一葉)가, 뒷면에는 일본의 유명 화가 오가타 고린(尾形光琳)의 작품인 「제비붓꽃」이 그려져 있다.

10000엔은 앞면에는 교육가로서 서양의 지식을 받아들이는데 앞장섰던 후쿠자와 유키치(福沢諭吉)가 그려져 있고, 뒷면에는 봉황상이 그려져 있다.

Unit 11

会議室(かいぎしつ)にいます。

1. (人・動物)は(場所)にいます ~은 ~에 있습니다
2. いません 없습니다
3. いませんでした 없었습니다
4. いました 있었습니다
5. 월일(月日)/층(階) 말하기

회화

다나카 씨가 이미연 씨에게 과장님이 어디에 있는지 묻고 있다.

田中　李さん。すみません。課長(かちょう)はどこですか。

李　課長ですか。今日から出張(しゅっちょう)ですが。

田中　えっ。出張ですか。いつまでですか。

李　11月(がつ)５日(いつか)までです。

田中　そうですか。じゃ、課長代理(だいり)はどこにいますか。

李　代理は今(いま)、3階(がい)の会議室(かいぎしつ)にいます。

田中　会議室には、だれもいませんでしたよ。

李　えっ？すみません。ちょっと待(ま)ってください。
ああ、代理は3時(じ)からS社(しゃ)と会議ですから、
今(いま)、5階(かい)の会議室にいます。

田中　そうですか。ありがとうございます。

Point

문법과 문형

1 (人・動物)は(場所)にいます ~은 ~에 있습니다

課長(かちょう)は会議室(かいぎしつ)にいます。

ねこはソファーにいます。

2 いません／いませんでした／いました 없습니다 / 없었습니다 / 있었습니다

部屋(へや)の中にはだれもいません。

山田さんは事務室(じむしつ)にいませんでした。

ねこはさっきまでここにいましたが…。

3 そうですか 그렇습니까

Q：韓国は美人(びじん)が多いです。

A：そうですか。(↗) 〈의문 · 확인〉

そうですか。(↘) 〈납득 · 동의〉

4 何月(なんがつ) 몇 월

1月	2月	3月	4月	5月	6月
いちがつ	にがつ	さんがつ	しがつ	ごがつ	ろくがつ
7月	8月	9月	10月	11月	12月
しちがつ	はちがつ	くがつ	じゅうがつ	じゅういちがつ	じゅうにがつ

5 何日(なんにち) 며칠

1日	2日	3日	4日	5日
ついたち	ふつか	みっか	よっか	いつか
6日	7日	8日	9日	10日
むいか	なのか	ようか	ここのか	とおか
11日	12日	13日	14日	15日
じゅういちにち	じゅうににち	じゅうさんにち	じゅうよっか	じゅうごにち
16日	20日	24日	30日	31日
じゅうろくにち	はつか	にじゅうよっか	さんじゅうにち	さんじゅういちにち

11일 이후는 「じゅういちにち」「じゅうににち」……와 같이 읽으며,
14일과 24일은 「じゅうよっか」「にじゅうよっか」로 읽는다.

6 何階(なんがい) 몇 층

1階	2階	3階	4階	5階
いっかい	にかい	さんがい	よんかい	ごかい
6階	7階	8階	9階	10階
ろっかい	ななかい	はっかい (はちかい)	きゅうかい	じゅっかい (じっかい)

회화 연습

1 그림을 보고 예와 같이 말하세요.

ex 山田さんはどこにいますか(どこですか)。
→ 山田さんは会議室にいます。

1

2

3

4

2 위의 예문을 이용하여 다음과 같이 연습하세요.

Q : 会議室にだれかいますか。

A : ________________________。

Q : だれがいますか。

A : ________________________。

Listening

듣기 훈련

1 내용을 듣고 예와 같이 해당하는 장소의 번호를 쓰세요.

Word Bank

낱말과 표현

Conversation

すみません 미안합니다, 실례합니다

課長かちょう 과장

どこですか 어디입니까?

出張しゅっちょう 출장

代理だいり 대리

階かい (건물의) 층

会議室かいぎしつ 회의실

だれも 누구도, 아무도

ちょっと 잠깐, 잠시

待まってください 기다려 주세요

～社しゃ ~사(회사의 준말)

ありがとうございます 고맙습니다, 감사합니다

Point

ねこ 고양이

事務室じむしつ 사무실

美人びじん 미인

何月なんがつ 몇 월

何日なんにち 며칠

Listening

ありがとうございました ありがとうございます의 과거형으로 '고마웠습니다'란 뜻이지만, '고맙습니다'라고 해석한다. ありがとうございます를 강조할 때도 사용한다.

さっき 조금 전, 아까

花屋はなや 꽃가게

どうも 대단히, 정말

木村きむら(姓) 기무라(성)

屋台やたい (행상, 노점상의) 판매대

エレベーター 엘리베이터, 승강기

木き 나무

도쿄 명소

도쿄도청(東京都庁)

1991년 준공, 제1본청사 : 높이 243미터, 지상 48층 및 지하 3층, 제2본청사 : 높이 163미터, 지상 34층 및 지하 3층, 의회 건물 : 높이 41미터, 지상 7층 및 지하 1층. 3개의 건물로 구성되어 있다. 도쿄도 신주쿠구(東京都新宿区)에 자리 잡고 있고 특별구에 관련되는 연결조정, 행정 업무 등이 이루어지고 있다. 건물 안에는 사무실뿐 아니라 45층(202m)에는 무료 관람이 가능한 전망대가 있어 도쿄를 한 눈에 볼 수 있는 곳으로 많은 관광객이 찾고 있다. 전망대 레스토랑에서 가벼운 식사와 차 등을 즐기면서 저녁을 기다리면 낭만적인 야경을 볼 수 있다. (※ 남쪽 전망대〈9시 30분~15시 30분〉와 북쪽 전망대〈9시 30분~21시〉가 있다.)

도쿄 도청(위)
도청 전망대에서 본 고층빌딩존 야경(오른쪽)

Unit 12

ソラク山(さん)へ行(い)きます。

1. 動詞의 「ます形」
2. 動ーます ~니다
3. 動ーますか ~니까
4. 動ーません ~지 않습니다
5. ～から(出発点) ~로부터

유창하게!

회화

김동수 씨가 다나카 씨에게 주말계획을 묻지만, 다나카 씨는 애인과 선약이 있다.

金　田中さん、週末(しゅうまつ)、何(なに)か予定(よてい)がありますか。

田中　はい、ソラク山(さん)へ行(い)きます。

金　ソラク山ですか。いいですね。でも、一人(ひとり)ですか。

田中　いいえ。実(じつ)はあした、日本(にほん)から恋人(こいびと)が来(き)ますから…。

金　恋人！うらやましいですね。

わたしは恋人がいませんから、寂(さび)しいですよ。

わたしもいっしょにいいですか？

田中　え？それは、その一。ちょっと…。

金　ははははは。冗談(じょうだん)ですよ。

ところで恋人はいつまで韓国(かんこく)にいますか。

田中　彼女(かのじょ)も仕事(しごと)がありますから、日曜日(にちようび)に帰(かえ)ります。

Point

문법과 문형

1 動詞의 「ます形」

1Group (五段動詞)					
買(か)う	→	買(か)います	死(し)ぬ	→	死(し)にます
行(い)く	→	行(い)きます	呼(よ)ぶ	→	呼(よ)びます
話(はな)す	→	話(はな)します	飲(の)む	→	飲(の)みます
待(ま)つ	→	待(ま)ちます	帰(かえ)る	→	帰(かえ)ります
2Group (上・下一段動詞)					
見(み)る	→	見(み)ます	食(た)べる	→	食(た)べます
起(お)きる	→	起(お)きます	寝(ね)る	→	寝(ね)ます
3Group (カ・サ行変格動詞)					
来(く)る	→	来(き)ます			
する	→	します	勉強(べんきょう)する	→	勉強(べんきょう)します

2 動 ーます／ますか／ません ~니다 / ~니까 / ~지 않습니다

わたしは日本へ行きます。

田中さんは来ますか。

山田さんは今日は来ません。

3 …へ ~에, ~로

日本へ行きます。

金さん、どこへ行きますか。

4 …から(出発点) ~로부터

日本から山田さんが来ます。

わたしの家(いえ)は会社から近いです。

5 …に(時間) ~에

日曜日に約束(やくそく)があります。

毎朝(まいあさ)何時に起(お)きますか。

6 語句

でも 하지만

あのレストランはちょっと高いです。でもおいしいですよ。

日本語は難しいです。でもおもしろいです。

회화 연습

1 그림을 보고 예와 같이 묻고 답하세요.

ex 行く?
Q : 行きますか。
A : はい、行きます。

❶ 買う?

Q :
A :

❷ 飲む?

Q :
A :

❸ 帰る?

Q :
A :

❹ 見る?

Q :
A :

❺ 食べる?

Q :
A :

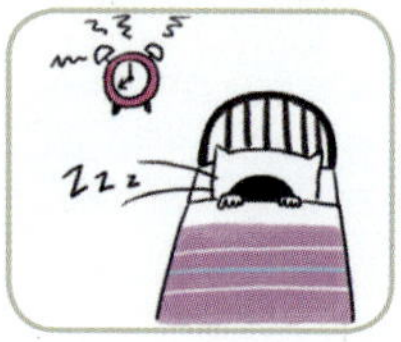

❻ 起きる?

Q :
A :

듣기 훈련

1 물건 수 세는 법

우리말도 물건에 따라 하나, 둘로 세는 것도 있고 한 자루, 두 자루 등으로 읽는 것이 있듯이 일본어에서도 물건에 따라 그 읽는 방법이 정해져 있다.

여기에서는 우선 꼭 알아 두어야 할 것을 몇 가지 익혀 두기로 하자.(자세한 것은 부록 참조)

		～枚(まい)	～台(だい)	～本(ほん)	～杯(はい)
1 いち	ひとつ	いちまい	いちだい	いっぽん	いっぱい
2 に	ふたつ	にまい	にだい	にほん	にはい
3 さん	みっつ	さんまい	さんだい	さんぼん	さんばい
4 し・よん・よ	よっつ	よんまい	よんだい	よんほん	よんはい
5 ご	いつつ	ごまい	ごだい	ごほん	ごはい
6 ろく	むっつ	ろくまい	ろくだい	ろっぽん	ろっぱい
7 しち・なな	ななつ	ななまい	ななだい	ななほん	ななはい
8 はち	やっつ	はちまい	はちだい	はっぽん	はっぱい
9 きゅう	ここのつ	きゅうまい	きゅうだい	きゅうほん	きゅうはい
10 じゅう	とお	じゅうまい	じゅうだい	じゅっぽん (じっぽん)	じゅっぱい (じっぱい)
?	いくつ	なんまい	なんだい	なんぼん	なんばい

2 내용을 듣고 예와 같이 각각 몇 개인지 쓰세요.

	ex				
問題	 りんご (5)	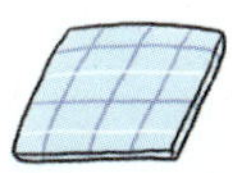 ハンカチ ( )	 デジカメ ( )	 ネクタイ ( )	 水 ( )
その外	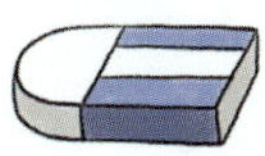 けしゴム	 スカート	 クルマ	 かさ	 コーヒー

낱말과 표현

Conversation

週末しゅうまつ 주말

予定よてい 예정

あります → ある 있습니다→있다

ソラク山さん 설악산

行いきます → 行いく 갑니다→가다

一人ひとり 한 사람, 혼자

実じつは 실은, 사실은(속사정을 털어놓을 때)

～から ~부터, ~에서

来きます → 来くる 옵니다→오다

うらやましい 부럽다

寂さびしい 쓸쓸하다

その 저-(말문이 막히거나 할 때 쓰는 군말)

冗談じょうだん 농담

ところで 그런데(화제를 바꿀 때)

帰かえります → 帰かえる (집에)돌아갑니다→ 돌아가다

Point

買かう 사다

行いく 가다

話はなす 이야기하다

待まつ 기다리다

死しぬ 죽다

呼よぶ 부르다

飲のむ 마시다

帰かえる 돌아가다

見みる 보다

起おきる (잠자리에서)일어나다

食たべる 먹다

寝ねる 자다

する 하다

勉強べんきょうする 공부하다

家いえ·うち 집

約束やくそく 약속

毎朝まいあさ 매일 아침

Listening

ハンカチ 손수건 ▶ handkerchief

～枚まい ~장(와이셔츠, 손수건, 종이 등 얇고 넓은 것을 세는 단위.)

ネクタイ 넥타이 ▶ necktie

韓国製かんこくせい 한국제

デジカメ 디지털 카메라 ▶ digital camera

～台だい ~대(TV · 자동차 · 기계 등을 세는 단위)

水みず 물

～杯はい ~잔

どういたしまして 천만에요

쉬어가기

도쿄 명소

도쿄타워(東京タワー)

자립 철탑으로서 세계 제일 높은 도쿄타워. 1958년에 완성. 높이 333미터, 무게 4,000톤, 28,000리터의 페인트가 사용되었다. 이곳에서는 아날로그파 14파, 디지털파 10파로 거의 모든 전파가 나오고 있다. 그리고 대 전망대(150m)와 특별 전망대(250m)에서는 동경을 360도 볼 수 있는 것이 특징이며, 맑은 날에는 시즈오카 현에 있는 후지산도 볼 수 있다고 한다. 레스토랑과 선물 가게 등 여러 가지 부대 시설을 갖추고 있다. (관람료는 820엔, 특별 전망대는 600엔이 추가된다.)

① 도쿄타워 ② 타워 전망대에서 본 오다이바 ③ 다리가 후들거리는 룩다운 윈도우 ④ 선물가게

Unit 13

歌(うた)を歌(うた)いました。

1. ～を～する ~을 ~하다
2. 動ーました ~했습니다
3. 動ーませんでした ~하지 않았습니다
4. ～に会う ~를 만나다
5. (場所)で～する ~에서 ~하다

Conversation 회화

김동수 씨와 다나카 씨는 어제 김동수 씨의 대학 친구를 만났는데, 그 이야기를 이미연 씨가 듣고 있다.

金　田中さん、きのうは楽(たの)しかったですね。

田中　そうですね。とてもきれいな女性(じょせい)でしたね。

李　えっ？どうしたんですか。

田中　きのう、偶然(ぐうぜん)金さんの大学時代(だいがくじだい)の同級生(どうきゅうせい)に会(あ)いましたが、…すごい美人(びじん)だったんですよ。

李　ええ！？

田中　それからみんなでいっしょに近(ちか)くの飲(の)み屋(や)でお酒(さけ)を飲(の)みました。

金　田中さん、きのうはずいぶん歌(うた)も歌(うた)いましたね。

李　えっ、田中さん。歌を歌いましたか。

田中　えへへへ…。お酒(さけ)をたくさん飲(の)みましたから。

金　それに、美人(びじん)もいましたから。はははは…。

Point

문법과 문형

1 …を…する ~을 ~하다

朝(あさ)、コーヒーを飲(の)みます。

あした、映画(えいが)を見(み)ます。

毎朝(まいあさ)新聞(しんぶん)を読(よ)みます。

友達(ともだち)と話(はなし)をします。

2 動 ーました ~했습니다

今朝(けさ)、コーヒーを飲(の)みました。

おととい、山田(やまだ)さんと約束(やくそく)しました。

3 動 ーませんでした ~하지 않았습니다

ゆうべ、何(なに)も食(た)べませんでした。

きのう、デパートへ行(い)きましたが、何(なに)も買(か)いませんでした。

4 …に会う ~을 만나다

偶然(ぐうぜん)、大学時代の先生に会(あ)いました。

今晩(こんばん)、友達(ともだち)に会います。

5 (場所)で…する (장소)에서 ~하다

カラオケボックスで歌(うた)を歌(うた)いました。

デパートで服(ふく)を買いました。

6 語句

(1) **それから** 그리고(나서)

デパートで弁当(べんとう)を買(か)いました。それから公園(こうえん)で弁当を食(た)べました。

(2) **みんなで** 모두 같이

みんなで歌を歌いました。

(3) **ずいぶん** 몹시, 아주, 꽤

きのう、お酒をずいぶん飲(の)みましたね。

회화 연습

1 그림을 보고 예와 같이 묻고 답하세요.

ex きのうデパートへ行きましたか。
→ いいえ、行きませんでした。

1

2

3

4

5

6

Listening

듣기 훈련

1 내용을 듣고 예와 같이 해당하는 그림의 기호를 쓰세요.

ex	1	2	3	4	5	6	7	8
b								

낱말과 표현

Conversation

女性じょせい 여성

どうしたんですか 무슨 일이에요?(얼굴 표정이 보통 때와 다르거나 분위기가 좀 이상할 때 쓰는 표현이다)

偶然ぐうぜん 우연히

大学時代だいがくじだい 대학 때, 대학시절

同級生どうきゅうせい 동급생, 동기생

(~に)会あう (~을)만나다

すごい 굉장하다

それから 그리고(나서)

みんなで 모두 같이

近ちかく 근처

飲み屋のみや 술집

~で ~에서

お酒さけ 술(정종을 뜻하기도 한다)

~を ~을/를(목적 · 대상을 나타내는 조사)

ずいぶん 매우, 꽤

歌うたう 노래하다

たくさん 많이

Point

映画えいが 영화

新聞しんぶん 신문

話はなし 이야기

今朝けさ 오늘 아침

ゆうべ 어젯밤

カラオケボックス 노래방 * カラオケ 단란주점

服ふく 옷

弁当べんとう 도시락

Drill

来週らいしゅう 다음 주, 내주

去年きょねん 지난 해, 작년

쉬어가기

도쿄 명소

오다이바(お台場)

관광객이 끊이지 않는 곳의 하나로서 테마파크 형태의 작은 인공 도시이다. 운전사가 없이 컴퓨터가 움직이는 모노레일 '유리카모메'를 타고 가는 방법과 수상버스, 일반버스, JR린카이선으로 가는 방법 그리고 자동차를 타고 레인보우브릿지를 건너가는 방법이 있다.
각종 선물가게는 물론 해변에서 일광욕을 할 수도 있고 술과 차도 마실 수 있다. 그리고 일본 유명 방송국인 후지TV도 여기에 자리잡고 있다 .

①

②

③

④

① 수상 버스 ② 후지TV ③ 오다이바 명물 관람차
④ 해변 레스토랑

Unit 14 コピーしてください。

1. 動詞의「て形」
2. 動ーてください ~해 주세요
3. ～で(手段) ~로
4. 動ーて～する ~하고 ~하다
5. 動ー(る)んです ~합니다

Conversation 회화

다나카 씨가 이미연 씨에게 일을 부탁하고 있다.

田中　李さん。すみませんが、急(いそ)いでこれを5部(ぶ)コピーしてください。

李　5部(ぶ)ですか。

田中　ええ。それからこの書類をファックスで日本本社(ほんしゃ)に送(おく)ってください。

李　これを5部コピーして、この書類をファックスで本社に送るんですね。

田中　はい。部長(ぶちょう)と課長に1部(ぶ)ずつ、残(のこ)りは金さんに渡(わた)してください。急いでお願いします。

李　はい、分(わ)かりました。じゃ、先(さき)にコピーして来ます。

田中　あっ、ファックスを先に送ってください。

李　ファックスが先ですね。分かりました。

Point

문법과 문형

1 動詞「て形」

1(五段動詞)			
買(か)う	→ 買って	書(か)く	→ 書いて
待(ま)つ	→ 待って	泳(およ)ぐ	→ 泳いで
帰(かえ)る	→ 帰って	話(はな)す	→ 話して
死(し)ぬ	→ 死んで		
呼(よ)ぶ	→ 呼んで	* 行(い)く	→ 行って
飲(の)む	→ 飲んで		
2(上・下一段動詞)			
見(み)る	→ 見(み)て	食(た)べる	→ 食べて
起(お)きる	→ 起(お)きて	寝(ね)る	→ 寝て
3(カ・サ行変格動詞)			
来(く)る	→ 来て	勉強(べんきょう)する	→ 勉強して
する	→ して		

2 動ーてください ~해 주세요

こちらを見てください。

ここに書いてください。

7時に起(お)きてください。

3 …で(手段) ~로(수단)

飛行機(ひこうき)で行きます。

日本語で話します。

ボールペンで書いてください。

4 動ーて…する ~하고 ~하다

朝6時に起きて、散歩します。

顔を洗って、朝ごはんを食べます。

5 動(る)んです ~합니다

金さんもいっしょに行くんですね。

いつも何時に起きるんですか。

6 …に ~에게 <助詞>

山田さんに電話します。

友達に手紙を書きます。

7 語句

(1) 急いで 서둘러, 급히

急いで来てください。

急いで起きて、顔を洗ってください。

(2) ~ずつ ~씩

一部ずつ渡してください。

少しずつ食べました。

(3) 先に 먼저, 우선

先に行ってください。

お先にどうぞ。

Drill

Unit 14

회화 연습

1 예와 같이 「～てください」를 이용하여 말하세요.

ex こちらを見てください。

1

2

3

4

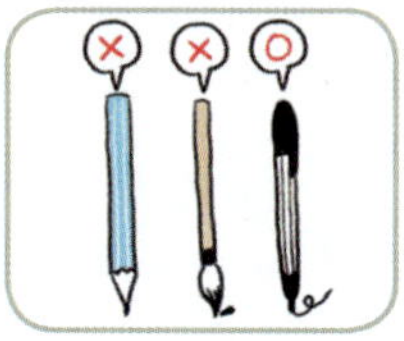

5

2 그림을 보고 예와 같이 「～て」를 이용하여 연습하세요.

ex 朝6時に起きて、散歩します。

1

2

3

Listening

듣기 훈련

1 스즈키 씨의 하루입니다. 내용을 듣고 들은 순서대로 해당하는 기호를 써 넣으세요.

1	2	3	4	5	6	7	8

낱말과 표현

Conversation

すみませんが 미안하지만(뭔가 부탁할 때)

急いそいで → 急いそぐ 서둘러서 → 서두르다

～部ぶ ~부

コピーする 복사하다

ファックス 팩스 ▶ facsimile

～で ~ (으)로(수단)

本社ほんしゃ ↔ 支社ししゃ 본사↔지사

送おくる 보내다

～に (사람 · 회사 등)~에게

～ずつ ~씩

残のこり 나머지, 남은 것

部長ぶちょう 부장(님)

渡わたす 건네주다

分わかる 알다

先さきに 먼저

Point

飛行機ひこうき 비행기

散歩さんぽ 산책

顔かお 얼굴

洗あらう (물이나 세제 등으로)씻다, 빨다

朝あさごはん 아침밥

手紙てがみ 편지

少すこし 조금

電話でんわする 전화하다

どうぞ 자, 어서(상대편에게 무엇을 허락하거나 권하거나 할 때 쓰는 말)
아무쪼록, 부디(부탁이나 희망의 말을 할 때)

Listening

時間じかん 시간

韓国語かんこくご 한국어 ＊ハングル 한글

쉬어가기

메이지신궁(明治神宮)

일본 3대 신궁(神宮)의 하나. 궁에 도착하기까지 나무가 울창해서 산책하기 좋아 연중 사람의 발길이 끊이질 않고 메이지 천왕을 신으로 모시는 특별한 곳으로 유명한 신사이다. 일본에는 새해가 밝으면 '하츠모데(初詣)' 라는 행사가 있는데 이것은 한 해의 안녕을 기원하기 위한 행사이다. 이때 많은 일본인이 이곳을 찾는다. 종을 울린 뒤 손뼉을 두 번 친 다음 합장을 하고 눈을 감고 힘찬 출발을 다짐한다.

※ 일본 3대 신궁(神宮): 이세신궁(伊勢神宮), 메이지신궁(明治神宮), 아츠타신궁(熱田神宮)

메이지신궁

여러 가지 선물과 부적 파는 곳

기원 부적

Unit 15

旅行(りょこう)の写真(しゃしん)を見(み)ています。

1. 動ーている ~하고 있다〈진행〉
2. 動ーている ~해 있다 → ~했다〈완료〉
3. 動ーている ~하고 있다〈상태〉
4. 動ー(る)名 ~하는 ~, ~할 ~

Conversation

회화

다나카 씨가 애인과 같이 찍은 사진을 보고 있다.

金　田中さん。何(なに)を見ているんですか。

田中　ああ、金(きん)さん。このあいだの旅行(りょこう)の写真(しゃしん)を見ています。

金　旅行？ソラク山の旅行の写真ですか。わたしにも見(み)せ てください。どの人が田中さんの恋人ですか。

田中　あのー、ここです。窓際(まどぎわ)でコーヒーを飲(の)んでいる人(ひと)です。

金　かわいい人ですね。じゃ、隣(となり)の赤い帽子(ぼうし)をかぶっている人はだれですか。

田中　彼女(かのじょ)の妹(いもうと)です。

金　妹さんですか。恋人(こいびと)がいますか。

田中　残念(ざんねん)ですが、もう結婚(けっこん)しています。この後(うし)ろに立(た)っている人(ひと)が、ご主人(しゅじん)です。

金　そうですか…。

Point

문법과 문형

1 動ーている ~하고 있다 〈진행〉

田中(たなか)さんは今、仕事(しごと)をしています。

金(キム)さんはテレビを見ています。

今、朝(あさ)ご飯(はん)を食べています。

2 動ーている ~해 있다 → ~했다 〈완료〉

大学を卒業(そつぎょう)しています。

田中さんはどこに住(す)んでいますか。

金さんは今、日本に行っています。

3 動ーている ~하고 있다 〈상태〉

金さんはめがねをかけています。

山田(やまだ)さんは赤いネクタイをしています。

朴(パク)さんはスーツを着(き)ています。

4 動ー(る)名 ~하는 ~, ~할 ~

あそこでたばこを吸(す)っている人はだれですか。

本社(ほんしゃ)に送(おく)る書類(しょるい)はどれですか。

結婚(けっこん)している社員(しゃいん)は何人(なんにん)いますか。

5 語句

(1) **このあいだ** 요전, 지난번

このあいだはどうもありがとうございました。

(2) **もう** 이미, 더

金さんはもう家に帰りました。

もう少しください。

もう一人います。

(3) **色** 색

イ形容詞	白(しろ)い	黒(くろ)い	赤(あか)い	青(あお)い	黄色(きいろ)い	茶色(ちゃいろ)い
名詞	白(しろ)	黒(くろ)	赤(あか)	青(あお)	黄色(きいろ)	茶色(ちゃいろ)

※ 이 외의 색상은 대부분 명사로 쓰인다. ex) グレーのズボン(회색 바지)

6 착용에 관한 말

회화 연습

1 그림을 보고 아래와 같이 묻고 답하세요.

1 Q : 李さんは何をしていますか。

A :

2 Q : 朴さんの右にいる人は何をしていますか。

A :

3 Q : コーヒーを飲んでいる人はだれですか。

A :

4 Q : 青いスーツを着ている人はだれですか。

A :

5 Q : どの人が山田さんですか。

A :

듣기 훈련

1 내용을 듣고 아래 칸에 적혀 있는 사람을 찾아 기호를 써 넣으세요.

1. すずきさんの恋人	
2. すずきさんの妹	
3. 妹の主人	
4. すずきさん	
5. すずきさんの友達	

Word Bank

낱말과 표현

Conversation

この間あいだ 요전, 지난번

写真しゃしん 사진

～にも ~에게도

見みせる (내)보이다

窓際まどぎわ 창가

かわいい 귀엽다

帽子ぼうし 모자

かぶる (모자 · 가발)쓰다

妹いもうと 여동생 ↔ 弟おとうと 남동생

残念ざんねん 유감, 유감스러움

もう 이미, 벌써, 더

結婚けっこんする 결혼하다

後うしろ 뒤

立たつ 서다

ご主人しゅじん 남편(상대방의 남편은「ご主人」이라고 하고, 자기 남편은「主人(しゅじん)」이라고 한다)

Point

朝あさご飯はん 아침밥(朝食(ちょうしょく)라고도 한다)

卒業そつぎょうする 졸업하다

住すむ 살다(조사는「に」를 취하는 것에 주의)

めがねをかける 안경을 쓰다

ネクタイをする 넥타이를 하다

スーツを着きる 양복을 입다

たばこを吸すう 담배를 피우다(「吸う」는「들이마시다」의 뜻이다)

社員しゃいん 사원

色いろ 색, 색깔

白しろい 하얗다

黒くろい 까맣다

黄色きいろい 노랗다

茶色ちゃいろい 갈색의

Listening

目め 눈

髪かみ 머리카락(髪かみの毛け라고도 한다)

横よこ 옆

コンタクト 콘택트렌즈(그냥 렌즈라고만 하면 뜻이 통하지 않으므로「コンタクトレンズ」 또는「コンタクト」라고 해야 한다) ▶ contact

アメリカ 미국 ▶America

紹介しょうかいする 소개하다

쉬어가기

일본의 축일(祝日)

일본의 정월은 '쇼가츠(正月)' 라고 하며 우리나라와 달리 신력을 지낸다. 이날은 '하츠모데(初詣)' 라는 행사가 열리는데 거의 모든 국민이 신사에서 희망을 기원하는 것이다.

'Golden+Week' 라는 말 그대로 황금연휴가 있다. 여러 휴일이 겹쳐지면서 생긴 연휴로 고향을 찾는 사람과 여행을 하는 사람 등으로 국민 대이동이 일어난다. 그리고 또 하나의 연휴로 우리나라의 추석과 같은 お盆이 있다. 이때는 신세 진 사람들이나 어른들께 선물을 드리거나 찾아 뵙고 인사를 드린다.

1월 1일 1월 두 번째 월요일	元日(신년을 축하하는 날) 成人の日(20살이 되어 성인이 되는 것을 축하하는 날)
2월 11일	建国記念日(건국기념일)
3월 21일경	春分の日(자연에게 감사하고 모든 생물을 아끼는 날)
4월 29일	昭和の日(쇼와 시대를 돌아보고 나라의 미래를 생각하는 날)
5월 3일 4일 5일	憲法記念日(헌법기념일) 緑の日(자연의 풍요로움에 감사하고 여유 있는 마음을 키우는 날) こどもの日(어린이날)
7월 세 번째 월요일	海の日(바다의 날)
8월 11일	山の日(산의 날)
9월 세 번째 월요일 23일경	敬老の日(경로의 날) 秋分の日(조상을 기리고 죽은 사람을 회상하는 날)
10월 두 번째 월요일	体育の日(체육의 날)
11월 3일 11월 23일	文化の日(문화의 날) 勤労感謝の日(근로감사의 날)
12월 23일	天皇誕生日(현 천왕 탄생일)

Unit 16

たばこを吸(す)ってもいいですか。

1. 動ーてもいいですか ~해도 됩니까
2. いいです/かまいません 좋습니다/상관없습니다
3. 動ーてはいけません/駄目です ~해서는 안됩니다
4. 動ーてみる ~해 보다
5. 動ーて来る ~하고 오다

Conversation 회화

다나카 씨와 김동수 씨가 이미연 씨의 집을 방문했다.

李　いらっしゃい。どうぞあがってください。

田中　失礼(しつれい)します。これ、つまらない物ですが…。

李　これ、何(なん)ですか。開(あ)けてみてもいいですか。

田中　いいですよ。日本のようかんです。

金　食べてもいいですか。

田中　李さんへのおみやげですから、金さんは駄目(だめ)ですよ。

李　かまいませんよ。食べてください。

金　李さんはやさしいですね。ところで、たばこを吸ってもいいですか。

李　わたしの部屋(へや)は禁煙(きんえん)ですから、たばこはちょっと…。

金　そうですか。たばこは吸(す)ってはいけませんか。じゃ、外(そと)で吸って来ます。

Point

문법과 문형

1 動ーてもいいですか ~해도 됩니까

いいです／かまいません 좋습니다 / 상관없습니다

Q : ここでたばこを吸(す)ってもいいですか。

A : はい、(吸っても)いいです。

Q : いっしょに行ってもいいですか。

A : はい、(行っても)かまいません。

2 動ーてもいいですか ~해도 됩니까

動ーてはいけません／駄目(だめ)です ~해서는 안 됩니다

Q : 仕事を休(やす)んでもいいですか。

A : いいえ、(休(やす)んでは)いけません。

Q : この写真(しゃしん)、見てもいいですか。

A : いいえ、(見ては)駄目です。

3 動ーてみる ~해 보다

ちょっと食べてみてください。

これを見てみてください。

4 動ーて来る ~하고 오다

あした必(かなら)ず持(も)って来てください。

隣(となり)のスーパーに行って来ます。

알아 두자

ささやか物(もの)／つまらない物／粗末(そまつ)な物

신세를 진 사람에게 선물을 할 때 '보잘것없는 것입니다' 란 말을 하는데, 많은 사람들이 「つまらない物／粗末な物」를 더 많이 쓴다. 그러나 이 두 표현은 선물 받는 쪽이 '변변찮은(보잘것없는) 물건을 왜 나에게 주는가?' 라고 생각하기 쉬우므로, 이 표현 대신에 '먹어 봤더니 맛있어서……' 또는 '선물 받았는데 매우 좋아서……' 등의 이유를 말하는 것이 가장 좋다. 그러므로 「つまらない……」「お粗末な……」 라고 말하지 말고 「ささやか物ですが」 라고 말하는 것이 더 정중한 표현이다.

회화 연습

1 그림을 보고 예와 같이 묻고 답하세요.

ex わたしもいっしょに行ってもいいですか。

→ はい、いいです。

1

2

3

4

5

6

Listening

듣기 훈련

1 내용을 듣고 예와 같이 해당하는 기호에 번호를 써 넣으세요.

☐ a

☐ b

☐ c

☐ d

☐ e

☐ f

☐ g

☐ h

예 i

☐ j

☐ k

☐ l

Word Bank
낱말과 표현

Conversation

いらっしゃい　어서 오세요

あがる　(방에)들어(오)다, 올라가다, 오르다

失礼しつれいする　실례하다

つまらない　변변치 않다, 재미없다

開あける　열다

ようかん　양갱(일본에서 즐겨먹는 음식이다)

～への　~에의

おみやげ　선물

駄目だめ　안 됨

やさしい　친절하다, 상냥하다

禁煙きんえん　금연

いけません　안 됩니다(금지의 표현)

外そと　밖, 바깥

Point

休やすむ　쉬다

必かならず　반드시

スーパー　수퍼마켓 ▶super market

Listening

禁煙席きんえんせき　금연석

駐車禁止ちゅうしゃきんし　주차금지

風邪かぜを引ひく　감기에 걸리다(관용구)

ビール　맥주

１杯いっぱい　한 잔

大丈夫だいじょうぶ　괜찮음

Omake

Unit 16

쉬어가기

스모

일본 정통 씨름인 스모는(하츠바쇼(初場所 1월), 하루바쇼(春場所 3월), 나츠바쇼(夏場所 5월), 나고야바쇼(名古屋場所 7월), 아키바쇼(秋場所 9월), 규슈바쇼(九州場所 11월)) 일년에 6회 열리고 1회 15번을 싸우게 된다.

우리나라의 천하장사를 일본에서는 '요코즈나(横綱)' 라고 하며 그 아래에 '오제키(大関)', '세키와케(関脇)', '고무스비(小結)', '쥬료(十両/세키토리 関取)' 라는 서열이 있다. 선수는 엄격한 심사를 거쳐 헤야(部屋: 훈련소)에서 합숙을 하며 선수 생활을 하게 된다. 아침 겸 점심 식사로 '장코나베' 라는 요리를 먹는데 '요코즈나' 가 먼저 먹은 뒤 서열 순으로 식사를 한다고 한다.

경기방식은 마와시(回し: 샅바)을 두른 두 명의 리키시(力士: 스모군)가 직경이 4m55cm인 동그란 도효(土俵: 씨름판) 위에서 상대를 밀어 밖으로 나가게 하거나 상대방 몸의 어느 부위가 먼저 바닥에 닿으면 이기게 된다. 이때 발로 차거나 주먹으로 때릴 수는 없다. 일단 요코즈나가 되면 경기에서 매번 진다고 해도 서열에서 강등되는 일은 없으나 은퇴를 고려해야 하고 오제키부터는 지면 계속 서열이 떨어지게된다.

Unit 17

壁に掛けてある絵はどうしますか。

1. 動(他動詞)－ておく ~해 두다
2. 動(他動詞)－てある ~해져 있다〈상태〉
3. 動(自動詞)－ている ~해져 있다〈상태〉
4. 自動詞/他動詞

회화

다나카 씨와 이미연 씨가 회의 준비를 하고 있다.

田中　李さん、会議の準備(じゅんび)はもう終(お)わりましたか。

李　いいえ、まだです。今、しています。

田中　ノートパソコンの電源(でんげん)も入(い)れておいてくださいね。

李　はい。分かりました。それと、壁(かべ)に掛(か)けてある絵(え)はどうしますか。

田中　窓際に掛(か)かっている絵(え)ですか。

李　はい。

田中　そうですね。はずしておいてください。
それから、資料(しりょう)の準備はどうですか。

李　はい。人数分(にんずうぶん)コピーしてありますが。

田中　それをテーブルの上に並(なら)べておいてください。

Point

문법과 문형

1 動(他動詞)ーておく ~해 두다 / 해 놓다

テーブルの上(うえ)に並(なら)べておきます。

ビールを買っておきましたか。

2 動(他動詞)ーてある ~해져 있다 〈상태〉

かぎが掛(か)けてあります。

ドアが開(あ)けてあります。

名前(なまえ)が書いてあります。

3 動(自動詞)ーている ~해져 있다 〈상태〉

かぎが掛かっています。

ドアが閉(し)まっています。

さいふが落(お)ちています。

4

自動詞	他動詞
終(お)わる (끝나다)	終(お)える (끝내다)
入(はい)る (들어가다, 들어오다)	入(い)れる (넣다)
開(あ)く (열리다)	開(あ)ける (열다)
決(き)まる (정해지다)	決(き)める (정하다)
並(なら)ぶ (나란히 서다, 늘어서다)	並(なら)べる (나란히 놓다, 늘어 놓다)
止(とま)る (멈추다, 서다)	止(と)める (멈추다, 세우다)
始(はじ)まる (시작되다)	始(はじ)める (시작하다)
落(お)ちる (떨어지다)	落(お)とす (떨어뜨리다)
出(で)る (나가다, 나오다)	出(だ)す (내다)
起(お)きる (일어나다)	起(お)こす (일으키다)

회화 연습

1 예와 같이 연습하세요.

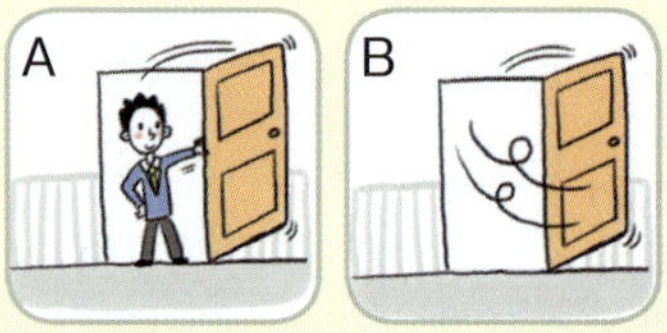

ex A : ドアを開けます。

B : ドアが開きます。

1

2

3

ex A : 車を止めています。

B : 車がとまっています。

4

5

Unit 17

Listening

듣기 훈련

1 내용을 듣고 해당하는 그림에 번호를 써 넣으세요.

a

b

c

d

e

f

g

h

i

j

k

l

낱말과 표현

Conversation

準備じゅんび 준비

終おわる 끝나다

まだ 아직

ノートパソコン 노트북

電源でんげんを入いれる 전원을 넣다

おく 두다, 놓다

壁かべ 벽

掛かける → 掛かかる 걸다→걸리다

絵え 그림

はずす 떼다, 풀다

資料しりょう 자료

人数分にんずうぶん 인원수만큼

並ならべる 늘어놓다

Point

名前なまえ 이름

閉しまる → 閉しめる 닫히다→닫다

落おちる 떨어지다

Listening

気きをつける 조심하다, 주의하다

机つくえ 책상

窓まど 창, 창문

쉬어가기

기모노

전통의복으로 한국에는 한복, 일본에는 '기모노(着物)'가 있다. 여러 문화가 개방되면서 일본의 명절이나 결혼식 등 특별한 행사에만 입는 옷이 되어 버린 기모노는 한복처럼 입기가 매우 복잡하고 어렵다. 게다가 허리에 매는 '오비'는 매는 방법만 해도 200여 가지나 되며 신분과 직업 등에 따라 다르다고 한다. 일생에 두 번 기모노를 입게 되는데, 첫 번째는 20살이 되는 성년의 날, 두 번째는 결혼식에 입는다.

기모노의 종류

振袖(ふりそで): 미혼 여성이 입으며 가장 화려한 것이 특징이다.

留袖(とめそで): 기혼 여성이 친척 결혼식 등에서 입는다. 바탕이 검은 색이며 가문의 문양을 새긴다.

訪問着(ほうもんぎ): 외출용으로 입으며 미혼 기혼 구별이 없이 입는다.

付け下げ(つけさげ): 호몬기와 비슷하지만 새겨진 무늬의 방향이 다르고 격이 좀 떨어진다.

色無地(いろむじ): 경조사에 입는 편한 옷으로 단색의 무늬가 없는 검은색 이외의 기모노이다.

小紋(こもん): 전체적으로 작은 무늬가 새겨져 있으며 공식 자리에서도 입을 수 있는 사교용 기모노이다.

喪服(もふく): 글자 그대로 문상객의 예복으로 오비와 오비를 매는 끈을 검정색으로 통일한다.

浴衣(ゆかた): 면으로 만든 것이 특징이며 주로 여름축제 때나 목욕 후에 입는다. 여관이나 호텔에서 자주 볼 수 있는 옷이다.

羽織(はおり): 나카기(속옷과 겉옷 사이에 입는 옷) 위에 덧입는데 길이가 짧으며 방한의 목적으로 외출할 때 입는다.

袴(はかま): 남자의 예장 복으로 치마처럼 생겨 하오리 아래에 입는 하의이다.

丹前(たんぜん): 유카타 위에 입는 방한 실내복이다.

被布(ひふ): 하오리와 같은 여성용 외출복이다.

일본 전통 결혼식

Unit 18

行(い)ったことはあるんですが。

1. 動詞의 過去形「た形」
2. [動]ーたことがある/ない ~한 적이 있다/없다
3. ～とき ~때
4. [動]ーた[名] ~한 ~
5. ～という ~라는 ~

Conversation

회화

이미연 씨가 다나카 씨에게 청바지를 어디서 샀는지 묻고 있다.

李　田中さん。すてきなジーンズですね。日本製(にほんせい)ですか。

田中　ありがとうございます。でも、これは韓国製(かんこくせい)ですよ。初(はじ)めてソウルに来たとき買ったジーンズなんです。

李　そうですか。どこで買ったんですか。

田中　イテウォンで買いました。知(し)っていますか。

李　イテウォンは知っていますが、イテウォンのどこですか。

田中　イテウォンのハミルトンホテルの近くです。

李　ハミルトンホテルですか。聞(き)いたことはあるんですが、まだ一度(いちど)も行ったことがないんです。どこにあるか、教(おし)えてください。

田中　それが…、わたしは行ったことはあるんですが…。

Point

문법과 문형

① 動詞의 過去形「た形」

1group(五段動詞)					
買(か)う	→	買った	書(か)く	→	書いた
待(ま)つ	→	待った	泳(およ)ぐ	→	泳いだ
帰(かえ)る	→	帰った	話(はな)す	→	話した
死(し)ぬ	→	死んだ			
呼(よ)ぶ	→	呼んだ	＊行(い)く	→	行った
飲(の)む	→	飲んだ			
2group(上・下一段動詞)					
見(み)る	→	見た	食(た)べる	→	食べた
起(お)きる	→	起きた	寝(ね)る	→	寝た
3group(カ・サ行変格動詞)					
来(く)る	→	来(き)た	勉強(べんきょう)する	→	勉強した
する	→	した			

② 動ーたことがある／ない ～한 적이 있다 / 없다

アメリカへ行ったことがありますか。

日本(にほん)の女性(じょせい)とデートしたことがありますか。

まだ一度(いちど)も行ったことが<u>ないんです</u>。(＝ありません)

まだしたことがないんです。

③ …とき ～때

日本へ行ったとき買ったカメラです。

日本へ行くときカメラを買います。

風が強(つよ)いときヨットに乗(の)ってもいいですか。

暇(ひま)なとき友達に会います。

地震(じしん)のときどうしますか。

4 動ーた名 ~한~

この小説(しょうせつ)を書(か)いた人(ひと)はだれですか。

ゆうべ見たビデオはおもしろかったですか。

5 …という… ~라는 ~

山田(やまだ)という人を知っていますか。

「土地(とち)」という本を読んだことがありますか。

6 …か ~(는)지 〈助詞〉

先生がいつ日本へ行くか知っていますか。

山田さんの電話番号(でんわばんごう)が何番(なんばん)か分かりますか。

참고 「知る」는 지식이나 경험으로 아는 것이고, 「分かる」는 이해나 판단으로 아는 것을 나타낸다. 위의 예문은 '출발일을 지식으로서 알고 있는지'를 물어보는 것이고, 아래의 예문은 '전화번호가 몇 번인지 (지금 당장 답을 못하더라도) 알아볼 수 있는냐'는 뉘앙스가 담겨 있다.

7 語句

初めて 처음, 처음으로〈경험〉

日本は初(はじ)めてです。

ここで金さんと初めて会いました。

회화 연습

1 그림을 보고 예와 같이 묻고 답하세요.

ex 東京へ行ったことがありますか。
→ いいえ、まだ(一度も)行ったことがないんです。

1

2

3

4

5

6

Listening
듣기 훈련

1 내용을 듣고 한 적이 있는지, 없는지 예와 같이 체크하세요.

	～したことが	ある	ない
ex	スキー 	☑ ある	☐ ない
1	 風と共に去りぬ	☐ ある	☐ ない
2	 ソラック山	☐ ある	☐ ない
3	 チェジュド	☐ ある	☐ ない
4		☐ ある	☐ ない

Word Bank 낱말과 표현

Conversation

すてき 멋짐

ジーンズ 청바지 ▶jeans

日本製にほんせい 일본제

韓国製かんこくせい 한국제

はじめて 처음(으로)

イテウォン '이태원'의 カタカナ표기

ハミルトンホテル '해밀턴 호텔'의 カタカナ표기

知しる 알다

こと 일, ~(한)적

一度いちど(も) 한번(도)

～か ~(인)지

教おしえる 가르치다

Point

デートする 데이트하다

ヨット 요트 ▶yacht

(～に)乗のる (~을) 타다(「に乗る」와「に会う」는 관용구로 외워두자.)

地震じしん 지진

小説しょうせつ 소설

電話番号でんわばんごう 전화번호

何番なんばん 몇 번(회수를 물을 때는 何回なんかい나 何度なんど를 쓴다.)

Drill

チェジュド '제주도' 의 カタカナ표기

花札はなふだ 화투

タレント 탤런트

ポシンタン '보신탕' 의 カタカナ표기

Listening

ドラゴンバレー 용평 스키장 ▶Dragon Valley

風かぜと共ともに去さりぬ 바람과 함께 사라지다(영화 제목)

キョンジュ '경주' 의 カタカナ표기

タコ 문어, 낙지

生いきる 살다

쉬어가기

와쇼쿠(和食)

일본 전통음식을 '와쇼쿠(和食)' 라고 한다. 쌀을 주식으로 '미소시루' 라는 된장국과 소금에 저린 '츠케모노(漬物)' 를 곁들여 먹는다. 한국과 비슷하지만 요리의 맛을 내는 방법은 아주 많이 다르다. 예를 들면 고추장, 양념 등을 사용하지 않고 소금과 미원 등으로 맛을 내거나 한국의 양념장과 비슷한 장에 익힌 채소나 고기를 찍어 먹는다.

또 하나 빼놓을 수 없는 요리 '스시(寿司)'는 원래 손으로 집어 한 입에 먹는 즉석 음식이었는데, 지금은 대부분의 사람이 젓가락으로 먹는다. 찍어 먹는 간장은 보기에는 보통 간장으로 보이지만 그 가게만의 맛이 있다고 한다. 날것으로 먹지 않는다는 서양에서도 초밥만은 인기가 많다.

인기가 많은 스시 종류 10가지

① 마구로(참치) ② 히라메(광어) ③ 사케(연어)
④ 이카(오징어) ⑤ 에비(새우) ⑥ 이쿠라(연어 알)
⑦ 네기토로(참치를 다져서 파를 곁들인 것)
⑧ 우나기(장어) ⑨ 다마고(계란) ⑩ 마키즈시(김초밥)

일본인의 인기 요리

카츠돈(カツ丼) : 돈카츠에 계란을 올려서 밥과 함께 먹는다.

야사이 이타메(野菜炒め) : 콩나물, 양배추, 파 등을 기름에 볶아 소스를 곁들여 먹는 요리.

라면(ラーメン) : 인스턴트 라면과는 차원이 다르다. 여러 가지 재료로 우려낸 국물로 만들며, 종류가 무척 다양하다.

차슈 라면(ラーメン)

야사이 이타메(野菜炒め)

카츠돈(カツ丼)

부록

01. 動詞의 활용표

02. イ形容詞・ナ形容詞 활용표

03. 때를 나타내는 말

04. 시간 · 날짜 · 기간을 나타내는 말

05. 조수사

06. 가족의 명칭 및 호칭

07. 회화 연습 모범답안 및 듣기 훈련 스크립트

01 動詞의 활용표

	基本形	ます形	て形(接続形)	た形(過去形)	たら形(仮定形)	ば(れば)形(条件形)	れる(られる)形(受動・尊敬形)	せる(させる)形(使役形)
1그룹動詞	書(か)く	書きます	書いて	書いた	書いたら	書けば	書かれる	書かせる
	行(い)く	行きます	行って	行った	行ったら	行けば	行かれる	行かせる
	泳(およ)ぐ	泳ぎます	泳いで	泳いだ	泳いだら	泳げば	泳がれる	泳がせる
	遊(あそ)ぶ	遊びます	遊んで	遊んだ	遊んだら	遊べば	遊ばれる	遊ばせる
	読(よ)む	読みます	読んで	読んだ	読んだら	読めば	読まれる	読ませる
	死(し)ぬ	死にます	死んで	死んだ	死んだら	死ねば	死なれる	死なせる
	持(も)つ	持ちます	持って	持った	持ったら	持てば	持たれる	持たせる
	買(か)う	買います	買って	買った	買ったら	買えば	買われる	買わせる
	乗(の)る	乗ります	乗って	乗った	乗ったら	乗れば	乗られる	乗らせる
	探(さが)す	探します	探して	探した	探したら	探せば	探される	探させる
2그룹動詞	見(み)る	見ます	見て	見た	見たら	見れば	見られる	見させる
	食(た)べる	食べます	食べて	食べた	食べたら	食べれば	食べられる	食べさせる
3그룹動詞	来(く)る	来(き)ます	来(き)て	来(き)た	来(き)たら	来(く)れば	来(こ)られる	来(こ)させる
	する	します	して	した	したら	すれば	される	させる
	勉強(べんきょう)する	勉強します	勉強して	勉強した	勉強したら	勉強すれば	勉強される	勉強させる
	～ます		～まして	～ました	～ましたら	～ますれば		

可能形	ない形 (現在)	ない形 (過去)	う(よう)形	命令形	備考
書ける	書かない	書かなかった	書こう	書け	開く、歩く、置く、動く
行ける	行かない	行かなかった	行こう	行け	
泳げる	泳がない	泳がなかった	泳ごう	泳げ	急ぐ、脱ぐ、防ぐ、かぐ
遊べる	遊ばない	遊ばなかった	遊ぼう	遊べ	飛ぶ、運ぶ、ころぶ、結ぶ
読める	読まない	読まなかった	読もう	読め	休む、込む、飲む、住む
死ねる	死なない	死ななかった	死のう	死ね	
持てる	持たない	持たなかった	持とう	持て	立つ、勝つ、打つ、待つ、保つ
買える	買わない	買わなかった	買おう	買え	会う、習う、歌う、吸う
乗れる	乗らない	乗らなかった	乗ろう	乗れ	踊る、帰る、困る、走る
探せる	探さない	探さなかった	探そう	探せ	話す、貸す、返す、消す
見られる	見ない	見なかった	見よう	見ろ	起きる、過ぎる、できる
食べられる	食べない	食べなかった	食べよう	食べろ	寝る、かける、出る
来られる	来ない	来なかった	来よう	来い	
できる	しない	しなかった	しよう	しろ	
勉強できる	勉強しない	勉強しなかった	勉強しよう	勉強しろ	旅行する、研究する、出席する
	～ません	～ませんでした	～ましょう		

02 イ形容詞・ナ形容詞 활용표

	基本形	です形	て形(中止形)	た形(過去形)	ない形(現在)	ない形(過去)
イ形容詞	大きい	大きいです	大きくて	大きかった	大きくない	大きくなかった
	よい (いい)	よいです いいです	よくて	よかった	よくない	よくなかった
	ない	ないです	なくて	なかった	(なくはない)	(なくはなかった)
	～たい	～たいです	～たくて	～たかった	～たくない	～たくなかった
ナ形容詞	きれいだ	きれいです	きれいで	きれいだった	きれいではない	きれいではなかった
	静(しず)かだ	静かです	静かで	静かだった	静かではない	静かではなかった
	立派(りっぱ)だ	立派です	立派で	立派だった	立派ではない	立派ではなかった
	にぎやかだ	にぎやかです	にぎやかで	にぎやかだった	にぎやかではない	にぎやかではなかった
	安(やす)らかだ	安らかです	安らかで	安らかだった	安らかではない	安らかではなかった
	親切(しんせつ)だ	親切です	親切で	親切だった	親切ではない	親切ではなかった
	便利(べんり)だ	便利です	便利で	便利だった	便利ではない	便利ではなかった
	社会的(しゃかいてき)だ	社会的です	社会的で	社会的だった	社会的ではない	社会的ではなかった
	スマートだ	スマートです	スマートで	スマートだった	スマートではない	スマートではなかった
	～です		～でして	～でした	～ではありません (～じゃありません)	～ではありませんでした (～じゃありませんでした)

だろう形 (推量形)	条件仮定形		副詞形	名詞形	備考
大きいだろう	大きいなら 大きければ	大きかったら	大きく	大きさ	모든 イ形容詞
よいだろう いいだろう	よいなら よければ	よかったら	よく	よさ	
ないだろう	ないなら なければ	なかったら	なく	なさ	動－ない イ形－くない ナ形－ではない 名－ではない
～たいだろう	～たいなら ～たければ	～たかったら	～たく	～たさ	모든「動－たい」形
きれいだろう	きれいなら	きれいだったら	きれいに	きれいさ	모든 ナ刑容詞
静かだろう	静かなら	静かだったら	静かに	静かさ	
立派だろう	立派なら	立派だったら	立派に	立派さ	
にぎやかだろう	にぎやかなら	にぎやかだったら	にぎやかに	にぎやかさ	
安らかだろう	安らかなら	安らかだったら	安らかに	安らかさ	
親切だろう	親切なら	親切だったら	親切に	親切さ	
便利だろう	便利なら	便利だったら	便利に	便利さ	
社会的だろう	社会的なら	社会的だったら	社会的に		모든「名詞＋的」
スマートだろう	スマートなら	スマートだったら	スマートに	スマートさ	모든 外来語
～でしょう		～でしたら			

03 때를 나타내는 말

	ひ 日(날)	しゅう 週(주)	つき 月(달)	とし 年(해)
과거	おととい (그저께)	せんせんしゅう 先々週 (지지난 주)	せんせんげつ 先々月 (지지난 달)	おととし 一昨年 (재작년)
	きのう (어제)	せんしゅう 先週 (지난 주)	せんげつ 先月 (지난 달)	きょねん さくねん 去年・昨年 (작년)
현재	きょう 今日 (오늘)	こんしゅう 今週 (이번 주)	こんげつ 今月 (이달)	ことし 今年 (올해, 금년)
미래	あした・あす (내일)	らいしゅう 来週 (다음 주)	らいげつ 来月 (다음 달)	らいねん 来年 (내년)
	あさって (모레)	さ らいしゅう 再来週 (다다음 주)	さ らいげつ 再来月 (다다음 달)	さ らいねん 再来年 (내후년)
	しあさって (글피)			
毎～	まいにち 毎日 (매일)	まいしゅう 毎週 (매주)	まいつき まいげつ 毎月・毎月 (매월)	まいねん まいとし 毎年・毎年 (매년)
기타 표현	やす ひ 休みの日(노는 날) きゅうじつ 休日(휴일) こうきゅうび 公休日(공휴일)	しゅう すえ 週の末(주말) しゅうまつ 週末(주말)	はじ 初め(초) しょじゅん じょうじゅん 初旬・上旬(초순) なか 半ば(중순) ちゅうじゅん 中旬(중순) お 終わり(말) げじゅん 下旬(하순)	とし すえ 年の末(연말) ねんまつ 年末(연말)

04 시간 · 날짜 · 기간을 나타내는 말

		時(시)	分(분)	月(월)	日(일)
1	いち	いちじ	いっぷん	いちがつ	ついたち いちにち
2	に	にじ	にふん	にがつ	ふつか
3	さん	さんじ	さんぷん	さんがつ	みっか
4	し·よん·よ	よじ	よんぷん	しがつ	よっか
5	ご	ごじ	ごふん	ごがつ	いつか
6	ろく	ろくじ	ろっぷん	ろくがつ	むいか
7	しち·なな	しちじ (ななじ)	ななふん (しちふん)	しちがつ	なのか
8	はち	はちじ	はっぷん (はちふん)	はちがつ	ようか
9	きゅう	くじ	きゅうふん	くがつ	ここのか
10	じゅう	じゅうじ	じっぷん (じゅっぷん)	じゅうがつ	とおか
	何	なんじ	なんぷん	なんがつ	なんにち

	泊(박)	週間(주간)	カ月(개월)	年(년)
1	いっぱく	いっしゅうかん	いっかげつ	いちねん
2	にはく	にしゅうかん	にかげつ	にねん
3	さんぱく	さんしゅうかん	さんかげつ	さんねん
4	よんぱく	よんしゅうかん	よんかげつ	よねん
5	ごはく	ごしゅうかん	ごかげつ	ごねん
6	ろっぱく	ろくしゅうかん	ろっかげつ	ろくねん
7	ななはく	ななしゅうかん	ななかげつ	ななねん (しちねん)
8	はっぱく (はちはく)	はっしゅうかん (はちしゅうかん)	はっかげつ (はちかげつ)	はちねん
9	きゅうはく	きゅうしゅうかん	きゅうかげつ	きゅうねん
10	じっぱく (じゅっぱく)	じっしゅうかん (じゅっしゅうかん)	じゅっかげつ (じっかげつ)	じゅうねん
?	なんぱく	なんしゅうかん	なんかげつ	なんねん

05 조수사(사물을 세는 방법)

		和数詞	台(だい)(대)	本(ほん)(자루)	階(かい)(층)
		우리말의 하나, 둘, 셋… 등에 해당하는 말	자동차, TV, 기계 등	술병, 넥타이, 필기도구 등 긴 것	건물 층수
1	いち	ひとつ	いちだい	いっぽん	いっかい
2	に	ふたつ	にだい	にほん	にかい
3	さん	みっつ	さんだい	さんぼん	さんがい
4	し・よん・よ	よっつ	よんだい	よんほん	よんかい
5	ご	いつつ	ごだい	ごほん	ごかい
6	ろく	むっつ	ろくだい	ろっぽん	ろっかい
7	しち・なな	ななつ	ななだい (しちだい)	ななほん (はちほん)	ななかい
8	はち	やっつ	はちだい	はっぽん (はちほん)	はちかい (はっかい)
9	きゅう	ここのつ	きゅうだい	きゅうほん	きゅうかい
10	じゅう	とお	じゅうだい	じっぽん (じゅっぽん)	じっかい (じゅっかい)
?	何	いくつ	なんだい	なんぼん	なんがい
			台(だい)대신 枚(まい)(장), 名(めい)(명), 番(ばん)(번), 倍(ばい)(배)등을 접속할 수 있다.	本(ほん)대신 杯(はい)(잔)등을 접속할 수 있다.	

		回(회)	人(사람)	皿(접시)	箱(상자)
		회수(「~度」보다 많이 쓰인다)	사람	요리	상자, 담배갑 등
1	いち	いっかい	ひとり	ひとさら	ひとはこ
2	に	にかい	ふたり	ふたさら	ふたはこ
3	さん	さんかい	さんにん	さんさら	さんばこ
4	し・よん・よ	よんかい	よにん	よんさら	よんはこ
5	ご	ごかい	ごにん	ごさら	ごはこ
6	ろく	ろっかい	ろくにん	ろくさら	ろくはこ
7	しち・なな	ななかい	ななにん (しちにん)	ななさら	ななはこ
8	はち	はっかい (はちかい)	はちにん	はちさら (はっさら)	はちはこ (はっぱこ)
9	きゅう	きゅうかい	きゅうにん	きゅうさら	きゅうはこ
10	じゅう	じっかい (じゅっかい)	じゅうにん	じっさら (じゅっさら)	じっぱこ (じゅっぱこ)
?	何	なんかい	なんにん	なんさら	なんばこ
		回대신 着(벌), 冊(권), 歳(세), 個(개)등을 접속할 수 있다.			

06 가족의 명칭 및 호칭

명칭	우리가족	상대방 또는 제 삼자 가족	부를 때
(장인)아버지, 아버님	(家内の)父	おとうさん	おとうさん
(장모)어머니, 어머님	(家内の)母	おかあさん	おかあさん
시아버지, 시아버님	しゅうと	おしゅうとさん	おとうさん
시어머니, 시어머님	しゅうとめ	おしゅうとめさん	おかあさん
양친, 부모님	両親	ご両親	
(친)할아버지 · 할머니	(父方の)祖父 · 祖母	(おとうさんのほうの)おじいさん · おばあさん	おじいさん おばあさん
(외)할아버지 · 할머니	(母方の)祖父 · 祖母	(おかあさんのほうの)おじいさん · おばあさん	おじいさん おばあさん
백부, 숙부, 고모부	(父方の)おじ	(おとうさんのほうの)おじさん	おじさん
외숙부, 이모부	(母方の)おじ	(おかあさんのほうの)おじさん	おじさん
백모, 숙모, 고모	(父方の)おば	(おとうさんのほうの)おばさん	おばさん
외숙모, 이모	(母方の)おば	(おかあさんのほうの)おばさん	おばさん
남편, 부군	主人、夫	ご主人	
집사람, 아내, 사모님(부인)	家内、妻	奥さん(さま)	
(매형, 형부)형님	(義理の)兄	(義理の)おにいさん	おにいさん
(처남(손위))오빠	(家内の)兄	(奥さんの)おにいさん	おにいさん
형수, 언니	兄嫁	おにいさんの奥さん	おねえさん
(올케(손위))누님	(義理の)姉	(義理の)おねえさん	おねえさん
(처형)언니	(家内の)姉	(奥さんの)おねえさん	おねえさん
(매제)시동생,남동생	(義理の)弟	(義理の)弟さん	
(처남(손아래))남동생	(家内の)弟	(奥さんの)弟さん	
(올케(손아래))여동생	(義理の)妹	(義理の)妹さん	
(처제)여동생	(家内の)妹	(奥さんの)妹さん	
형제, 자매, 남매	兄弟	ご兄弟	
아들, 아드님(도련님)	息子	息子さん(おぼっちゃん)	
딸, 따님	娘	娘さん(おじょうさん)	
아이, 자제분	子供	お子さん(子供さん)	
사촌	いとこ	いとこのかた	
남조카, 여조카	おい、めい	おいごさん·めいごさん	
(친)손자 · 손녀	(内)孫	おまごさん	
(외)손자 · 손녀	(外)孫	おまごさん	

わたしのかぞく

～さんのかぞく

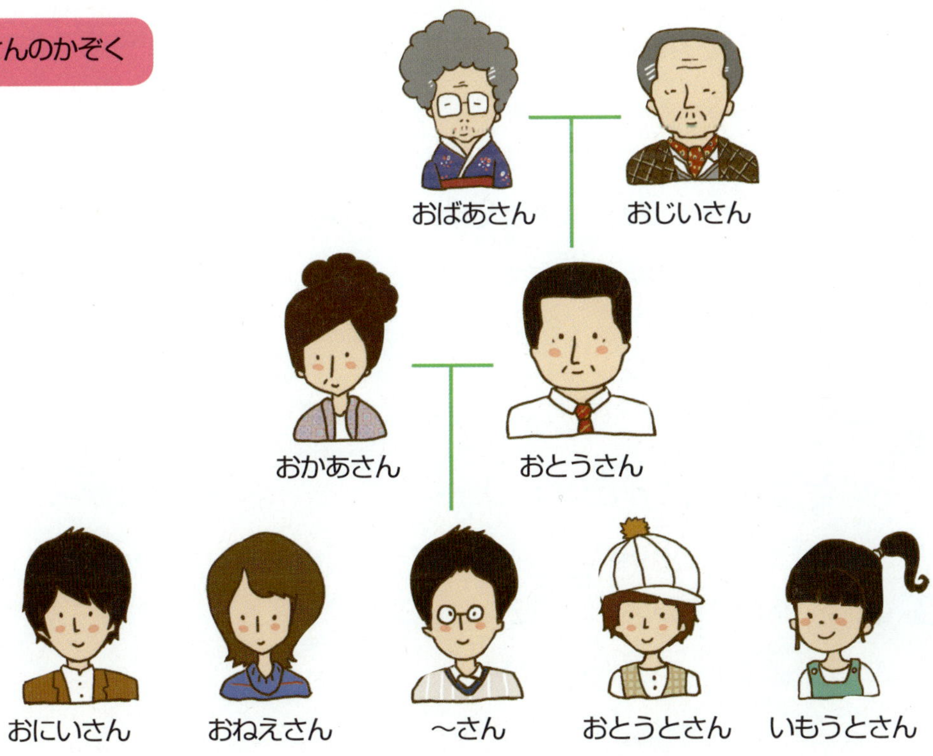

Drill 회화 연습 모범답안

Unit 04

1 ❶ はじめまして。〇〇〇です。 안녕하세요. ㅇㅇㅇ입니다.
学生(がくせい)です。 학생입니다.
どうぞよろしくお願(ねが)いします。 잘 부탁드립니다.

❷ はじめまして。〇〇〇です。 처음 뵙겠습니다. ㅇㅇㅇ입니다.
会社員(かいしゃいん)です。 회사원입니다.
どうぞよろしくお願いします。 잘 부탁드립니다.

❸ はじめまして。〇〇〇です。 처음 뵙겠습니다. ㅇㅇㅇ입니다.
銀行員(ぎんこういん)です。 은행원입니다.
どうぞよろしくお願いします。 잘 부탁드립니다.

❹ はじめまして。〇〇〇です。 처음 뵙겠습니다. ㅇㅇㅇ입니다.
軍人(ぐんじん)です。 군인입니다.
どうぞよろしくお願いします。 잘 부탁드립니다.

2 ❶ こちらはすずきさんです。会社員です。 이 쪽은 스즈키 씨입니다. 회사원입니다.
❷ こちらは山田(やまだ)さんです。銀行員です。 이 쪽은 야마다 씨입니다. 은행원입니다.
❸ こちらは金さんです。軍人です。 이 쪽은 김 씨입니다. 군인입니다.

Unit 05

1 ❶ Q：今(いま)、何時(なんじ)ですか。 지금 몇 시입니까?
A：5時(ごじ)です。 5시입니다.
❷ Q：今、何時ですか。 지금 몇 시입니까?
A：7時半(しちじはん)です。 7시 반입니다. / 7時30分(ぷん)です

3 Q : 今、何時ですか。 지금 몇 시입니까?

A : 1時(いちじ)15分(じゅうごふん)です。 1시 15분입니다.

4 Q : 今、何時ですか。 지금 몇 시입니까?

A : 10時(じゅうじ)40分(よんじゅっぷん)です。 10시 40분입니다.

2 1 Q : テストはいつからいつまでですか。 시험은 언제부터 언제까지입니까?

A : 火曜日(かようび)から金曜日(きんようび)までです。 화요일부터 금요일까지입니다.

2 Q : テストはいつからいつまでですか。 시험은 언제부터 언제까지입니까?

A : 月曜日(げつようび)から木曜日(もくようび)までです。 월요일부터 목요일까지입니다.

3 Q : テストはいつからいつまでですか。 시험은 언제부터 언제까지입니까?

A : 水曜日(すいようび)から土曜日(どようび)までです。 수요일부터 토요일까지입니다.

Unit 06

1 1 Q : 高(たか)いですか。 비쌉니까?

A : いいえ、高くありません。 아니요, 비싸지 않습니다.

2 Q : [田中さんは]友達(ともだち)が多(おお)いですか。 (다나카 씨)는 친구가 많습니까?

A : はい、多いです。 예, 많습니다.

3 Q : [山田さんは]背(せ)が高いですか。 (야마다 씨)는 키가 큽니까?

A : いいえ、高くありません。 아니요, 크지 않습니다.

4 Q : [部屋(へや)は]広(ひろ)いですか。 (방은) 넓습니까?

A : はい、とても広いです。 예, 대단히 넓습니다.

Drill : 회화 연습 모범답안

Unit 07

1 ❶ Q : きれいですか。 깨끗합니까?

A : いいえ、きれいじゃありません。 아니요, 깨끗하지 않습니다.

❷ Q : 有名(ゆうめい)ですか。 유명합니까?

A : はい、有名です。 예, 유명합니다.

❸ Q : 暇(ひま)ですか。 한가합니까?

A : いいえ、暇じゃありません。 한가하지 않습니다.

❹ Q : 重要(じゅうよう)ですか。 중요합니까?

A : いいえ、重要じゃありません。 아니요, 중요하지 않습니다.

2

- 静(しず)か[な]+レストラン → 静かなレストラン 조용한 레스토랑
- 親切(しんせつ)[な]+人(ひと) → 親切な人 친절한 사람
- 有名[な]+店(みせ) → 有名な店 유명한 가게
- 忙(いそが)しい+とき → 忙しいとき 바쁠 때
- 大(おお)きい+大学(だいがく) → 大きい大学 큰 대학

＊이 외에도 静かな所(조용한 곳), きれいな人(예쁜 사람), 暇なとき(한가할 때)등 얼마든지 다양한 예문을 만들 수 있다.

Unit 08

1 ❶ Q : 春(はる)と秋(あき)とどちらが好(す)きですか。 봄과 가을 중에서 어느 쪽을 좋아합니까?

A : 秋より春の方(ほう)が好きです。/春です。 가을보다 봄을 좋아합니다. / 봄입니다.

❷ Q : 日本語(にほんご)と英語(えいご)とどちらが上手(じょうず)ですか。 일본어와 영어 중에서 어느 쪽을 잘합니까?

A : 日本語より英語の方が上手です。 일본어보다 영어 쪽을 잘합니다.

3 Q：金さんと李さんとどちらが歌(うた)が上手ですか。
김 씨와 이 씨 중에서 어느 쪽이 노래를 잘합니까?

A：金さんより李さんの方が上手です。 김 씨보다 이 씨 쪽이 잘합니다.

4 Q：季節(きせつ)の中(なか)でいつが一番(いちばん)好きですか。 계절 중 언제가 가장 좋습니까?

A：冬(ふゆ)が一番好きです。 겨울이 가장 좋습니다.

5 Q：外国語(がいこくご)の中で何(なに)が一番上手ですか。 외국어 중에서 무엇을 가장 잘합니까.

A：日本語が一番上手です。 일본어를 가장 잘합니다.

＊英語が一番上手です。(영어를 가장 잘합니다.) / 中国語(ちゅうごくご)が一番上手です。(중국어를 가장 잘합니다.)도 가능하다.

Unit 09

1 1 Q：きのうは忙しかったですか。 어제는 바쁘셨습니까?

A：はい、とても忙しかったです。 예, 매우 바빴습니다.

2 Q：おとといの映画はおもしろかったですか。 그제께 영화는 재미있었습니까?

A：いいえ、あまりおもしろくありませんでした。/
おもしろくなかったです。

아니요, 그다지 재미있지 않았습니다. / 재미없었습니다.

3 Q：昔(むかし)は静かでしたか。 옛날에는 조용했습니까?

A：いいえ、昔も静かではありませんでした。 아니요, 옛날에도 조용하지 않았습니다.

4 Q：以前(いぜん)は有名でしたか。 이전은 유명했습니까?

A：はい、とても有名でした。 예, 유명했습니다.

2 1 このリンゴはおいしいし、安いです。 이 사과는 맛있고 쌉니다.

2 彼女(かのじょ)はきれいだし、頭(あたま)もいいです。 그녀는 예쁘고 머리도 좋습니다.

Drill : 회화 연습 모범답안

Unit 10

1 ❶ Q : かぎはどこにありますか。 열쇠는 어디에 있습니까?

A : ソファーの下(した)にあります。 소파 밑에 있습니다.

❷ Q : ボールペンはどこにありますか。 볼펜은 어디에 있습니까?

A : 引(ひ)き出(だ)しの中(なか)にあります。 서랍 안에 있습니다.

❸ Q : レストランはどこにありますか。 레스토랑은 어디에 있습니까?

A : 公園(こうえん)の前(まえ)にあります。 공원 앞에 있습니다.

❹ Q : トイレはどこにありますか。 화장실은 어디에 있습니까?

A : 階段(かいだん)の右(みぎ)にあります。 계단 오른 쪽에 있습니다.

2 ❶ Q : テーブルの上(うえ)に何かありますか。 테이블 위에는 무언가 있습니까?

A : はい、あります。 예, 있습니다.

Q : 何がありますか。 무엇이 있습니까?

A : 雑誌(ざっし)があります。 잡지가 있습니다.

*コーヒーカップがあります。(커피잔이 있습니다.) / 手紙があります。(편지가 있습니다.)도 가능하다.

Unit 11

1 ❶ Q : 金さんはどこにいますか(どこですか)。 김 씨는 어디에 있습니까?

A : 金さんは事務室(じむしつ)にいます(事務室です)。 김 씨는 사무실에 있습니다.

❷ Q : 朴さんはどこにいますか(どこですか)。 박 씨는 어디에 있습니까?

A : 朴さんはすずきさんのとなりにいます(すずきさんのとなりです)。

박 씨는 스즈키 씨 옆에 있습니다.

3 Q：ねこはどこにいますか(どこですか)。 고양이는 어디에 있습니까?

A：ねこはれいぞうこの後(うし)ろにいます(れいぞうこの後ろです)。
고양이는 냉장고 뒤에 있습니다.

＊れいぞうこ：冷蔵庫(냉장고)

4 Q：ねこはどこにいますか(どこですか)。 고양이는 어디에 있습니까?

A：ねこはソファーの下(した)にいます(ソファーの下です)。
고양이는 소파 밑에 있습니다.

2 Q：会議室(かいぎしつ)にだれかいますか。 회의실에 누군가 있습니까?

A：はい、います。 예, 있습니다.

Q：だれがいますか。 누가 있습니까?

A：吉田(よしだ)さんと朴さんがいます。 요시다 씨와 박 씨가 있습니다.

Unit 12

1 1 Q：買(か)いますか。 삽니까?

A：いいえ、買いません。 이니요, 시지 않습니다.

2 Q：飲(の)みますか。 마십니까?

A：はい、飲みます。 예, 마십니다.

3 Q：帰(かえ)りますか。 돌아갑니까?

A：いいえ、帰りません。 아니요, 돌아가지 않습니다.

4 Q：見(み)ますか。 봅니까?

A：はい、見ます。 예, 봅니다.

5 Q：食(た)べますか。 먹습니까?

A：いいえ、食べません。 아니요, 먹지 않습니다.

6 Q：起(お)きますか。 일어납니까?

A：いいえ、起きません。 아니요, 일어나지 않습니다.

Drill : 회화 연습 모범답안

Unit 13

1 ❶ Q : 今朝(けさ)コーヒーを飲みましたか。 오늘 아침에 커피를 마셨습니까?

A : はい、飲みました。 예, 마셨습니다.

❷ Q : ゆうべ勉強(べんきょう)しましたか。 어제 저녁에 공부했습니까?

A : いいえ、しませんでした。 아니요, 하지 않았습니다.

❸ Q : 今日(きょう)友達に会(あ)いますか。 오늘 친구를 만납니까?

A : はい、会います。 예, 만납니다.

❹ Q : 来週映画(らいしゅうえいが)を見(み)ますか。 다음 주에 영화를 봅니까?

A : いいえ、見ません。 아니요, 보지 않습니다.

❺ Q : きょねん山田さんは日本から来(き)ましたか。 작년에 야마다 씨는 일본에서 왔습니까?

A : はい、来ました。 예, 왔습니다.

❻ Q : ゆうべご飯(はん)を食(た)べましたか。 어제 저녁에 밥을 먹었습니까?

A : いいえ、食べませんでした。 아니요, 먹지 않았습니다.

Unit 14

1 ❶ ここに書(か)いてください。 여기에 써 주세요.

❷ 6時(じ)に起(お)きてください。 6시에 일어나 주세요.

❸ 日本語で話(はな)してください。 일본어로 이야기해 주세요.

❹ 飛行機(ひこうき)で行(い)ってください。 비행기로 가 주세요.

❺ ボールペンで書いてください。 볼펜으로 써 주세요.

2 ❶ 顔(かお)を洗(あら)って、朝(あさ)ご飯(はん)を食べます。 세수를 하고 밥을 먹습니다.

❷ 新聞(しんぶん)を読(よ)んで、コーヒーを飲みます。 신문을 읽고 커피를 마십니다.

3 友達に会って、映画を見ます。친구를 만나서 영화를 봅니다.

Unit 15

1 1 Q：李さんは何をしていますか。이 씨는 무엇을 하고 있습니까?

A：本(ほん)を読んでいます。책을 읽고 있습니다.

2 Q：朴さんの右(みぎ)にいる人は何をしていますか。박 씨 오른 쪽에 있는 사람은 무엇을 하고 있습니까?

A：弁当(べんとう)を食べています。도시락을 먹고 있습니다.

3 Q：コーヒーを飲んでいる人(ひと)はだれですか。커피를 마시고 있는 사람은 누구입니까?

A：朴さんです。박 씨입니다.

4 Q：青(あお)いスーツを着ている人はだれですか。파란 양복을 입은 사람은 누구입니까?

A：すずきさんです。스즈키 씨입니다.

5 Q：どの人が山田さんですか。어떤 사람이 야마다 씨입니까?

A：ファックスを送(おく)っている人です。팩스를 보내고 있는 사람입니다.

Unit 16

1 1 Q：たばこを吸(す)ってもいいですか。담배를 피워도 됩니까?

A：いいえ、駄目(だめ)です。아니요, 안 됩니다.

2 Q：写真(しゃしん)を見てもいいですか。사진을 봐도 됩니까?

A：はい、いいですよ。예, 좋아요.

3 Q：コーヒーを飲んでもいいですか。커피를 마셔도 됩니까?

A：いいえ、いけません。아니요, 마시면 안 됩니다.

4 Q：もう家(うち)へ帰(かえ)ってもいいですか。이제 집에 돌아가도 됩니까?

A：はい、いいですよ。예, 좋아요.

5 Q : 電話(でんわ)をかけても[使(つか)っても]いいですか。 전화를 걸어도(사용해도)됩니까?

A : はい、いいですよ。 예, 걸어도(써도) 됩니다.

6 Q : ここで歌(うた)ってもいいですか。 여기서 노래해도 됩니까?

A : いいえ、駄目です。 아니요, 안 됩니다.

＊「はい、いいですよ」 대신 「はい、どうぞ」 라고 해도 된다.

Unit 17

1 1 A : 授業(じゅぎょう)を終(お)えます。 수업을 마칩니다.

B : 授業が終わります。 수업이 끝납니다.

2 A : [朴さんを]起こします。 (박 씨를) 깨웁니다.

B : [朴さんが]起きます。 (박 씨가) 일어납니다.

3 A : 授業を始(はじ)めます。 수업을 시작합니다.

B : 授業が始まります。 수업이 시작됩니다.

4 A : さいふを落(お)としています。 지갑을 떨어뜨리고 있습니다.

B : さいふが落ちています。 지갑이 떨어져 있습니다.

5 A : フォークとナイフを並(なら)べています。 포크와 나이프를 가지런히 놓고 있습니다.

B : フォークとナイフが並んでいます。 포크와 나이프가 가지런히 놓여 있습니다.

Unit 18

1 1 Q : 済州島へ行ったことがありますか。 제주도에 간 적 있습니까?

A : いいえ、まだ行ったことがないんです。 아니요, 아직 간 적이 없습니다.

2 Q：デートしたことがありますか。 데이트 한 적이 있습니까?

A：いいえ、まだデートしたことがないんです。 아니요, 아직 데이트 한 적이 없습니다.

3 Q：日本の映画を見たことがありますか。 일본 영화를 본 적이 있습니까?

A：いいえ、まだ見たことがないんです。 아니요, 아직 본 적이 없습니다.

4 Q：花札(はなふだ)をしたことがありますか。 화투를 한 적이 있습니까?

A：いいえ、まだ一度(いちど)もしたことがないんです。 아니요, 아직, 한 번도 한 적이 없습니다.

5 Q：タレントに会(あ)ったことがありますか。 탤런트를 만난 적이 있습니까?

A：いいえ、一度も会ったことがないんです。 아니요, 한 번도 만난 적이 없습니다.

6 Q：ポシンタンを食べたことがありますか。 보신탕을 먹어 본 적이 있습니까?

A：いいえ、一度も食べたことがないんです。 아니요, 한 번도 먹어 본 적이 없습니다.

＊ 긍정의 대답도 연습해 봅시다.

LISTENING : 듣기 훈련 스크립트와 정답

Unit 04

◆ 내용을 듣고 ＿＿＿＿＿에 들어갈 말을 써 넣으세요.

男１：はじめまして。すずきです。どうぞよろしくお願(ねが)いします。

男２：はじめまして。金(キム)です。どうぞよろしくお願いします。

　　　すずきさん、こちらはやまださんです。

女　：やまだです。どうぞよろしくお願いします。

男１：こちらこそ、どうぞよろしくお願いします。

정답 はじめまして / どうぞよろしくお願いします / こちらは / こちらこそ

Unit 05

◆ 1. 〈예〉와 같이 내용과 맞으면 ○표, 틀리면 ×표를 하세요.

<例>
女：何時(なんじ)ですか。
男：えーっと、５時(ごじ)です。

1 ① 女：何時ですか

　　男：９時(くじ)です。

② 男：あっ、８時半(はちじはん)だ。

③ 女：すみません。今(いま)、何時ですか。

　　男：はい。えーっと、１０時２０分(じゅうじにじゅっぷん)です。

④ 男：あっ、６時１５分(ろくじじゅうごふん)だ。

5 男：もう６時ですね。

정답 1(○) 2(×) 3(×) 4(○) 5(×)

◆ 2. 내용을 듣고 〈예〉와 같이 시간을 써 넣으세요.

> ＜例＞
>
> 女：すみません。銀行は何時までですか。
>
> 男：銀行ですか。午前９時３０分から午後４時までです。

1 女：すみません。郵便局は何時から何時までですか。

男：郵便局ですか。午前９時から午後５時までです。

2 女：いたたたたた。

男：どうしたんですか。

女：頭が痛くて痛くて。病院は何時からですか。

男：あそこの病院は午前８時からです。

3 女：バーゲンバーゲン、ルンルン。デパートは何時から何時までですか。

男：今日は午前９時から夜８時までです。

4 男：あー、疲れた。休みましょう。

女：昼休みは何時から何時までですか。

男：１２時から１時まで、１時間です。

5 女：テストはいつからいつまでですか。

男：５月８日から１１日までです。

정답 1. (AM9：00~PM5：00) 2. (AM8：00~)

3. (AM9：00~PM8：00) 4. (PM12：00~PM1：00)

LISTENING : 듣기 훈련 스크립트와 정답

Unit 06

◆ 내용을 듣고 〈예〉와 같이 a, b 중 어느 쪽에 해당하는지 ○표를 하세요.

<例> わたしのかばんはとても大(おお)きいです。

1 あのビルはとても高(たか)いです。

2 韓国(かんこく)の冬(ふゆ)はとても寒(さむ)いです。

3 日本(にほん)は物価(ぶっか)が高いですね。

4 日本語(にほんご)は英語(えいご)より難(むずか)しいです。

5 あのレストランは安(やす)いですよ。

6 この靴(くつ)はとても軽(かる)いですよ。

7 ここは本当(ほんとう)に人(ひと)が多(おお)いですね。

정답 1.a 2.a 3.b 4.b 5.b 6.a 7.a

Unit 07

◆ 내용을 듣고 〈예〉와 같이 해당하는 기호에 ○표를 하세요.

<例>　このコーヒーショップは広くて静かです。

1 山田さんのバッグは、赤くて大きいです。

2 このパソコンは軽くて安いです。

3 わたしの恋人は背が高くて、きれいで、とても親切です。

정답　1.a　2.d　3.c

Unit 08

◆ 내용을 듣고 〈예〉와 같이 해당하는 칸에 체크하세요.

<例>　女：鈴木さん。鈴木さんは歌が好きですか。
男：歌はちょっと･･･下手なんです。朴さんは。
女：わたしは上手じゃありませんが、大好きです。

1 男1：鈴木さん、サッカーいっしょにどうですか。
男2：いいですね。サッカーは大好きですよ。
男1：上手なんですか。
男2：いいえ。上手じゃないですが、おもしろいじゃないですか。

LISTENING : 듣기 훈련 스크립트와 정답

2 男1：鈴木さん、スキーは好きですか。

男2：スキーですか。スキーはちょっと･･･。

男1：おもしろいですよ。いっしょにどうですか。

男2：わたし、スキーが下手なんです。

男1：わたしもですよ。じゃあ、あした。

男2：あしたはちょっと･･･。

3 女：鈴木さん、テニスは好きですか。

男：ええ。

女：じゃあ、今日はどうですか。

男：今からですか。いいですよ。

女：鈴木さんは、テニスが上手ですか。

男：はい。朴さんは。

女：わたしはあまり上手じゃありませんが、好きです。

4 男1：鈴木さん、テレビ、テレビ。おもしろいですよ。

男2：えっ、何ですか。

男1：野球(やきゅう)です。巨人対阪神(きょじんたいはんしん)ですよ。

男2：金さんは野球が好きですか。

男1：ええ。会社(かいしゃ)のチームのピッチャーなんですよ。

男2：会社のチームですか。上手なんですね。

男1：いやあ･･･。

정답　1.a,d　2.b,d　3.a,c　4.a,c

Unit 09

◆ 내용을 듣고 〈예〉와 같이 금액을 써 넣으세요.

> <例>　女：いらっしゃいませ。
>
> 男：ラーメンはいくらですか。
>
> 女：2,500(にせんごひゃく)ウォンです。

1 女：いらっしゃいませ。

男：んー、コーヒーはいくらですか。

女：はい。4,500(よんせんごひゃく)ウォンです。

2 女：すみません。このシャツいくらですか。

男：どのシャツですか。

女：その青(あお)いシャツです。

男：45,000(よんまんごせん)ウォンです。

女：高いですね。

3 女：いい車(くるま)ですね。いくらですか。

男：25,000,000(にせんごひゃくまん)ウォンです。

女：わあー、高いですね。

4 女：いらっしゃいませ。

男：コーラ。

女：はい。2,000(にせん)ウォンです。

5 女 : すみません。このかばんはいくらですか。

男 : これは 340,000(さんじゅうよんまん)ウォンです。

女 : 高いですね。

男 : ええ。フランスのかばんです。

정답　1. 4,500　2. 45,000　3. 25,000,000　4. 2,000　5. 340,000

Unit 10

◆ 내용을 듣고 〈예〉와 같이 해당하는 장소의 번호를 쓰세요.

<例>　男 : 朴さん、日本語の本はどこにありますか。
　　　女 : ああ、日本語の本ですか。机(つくえ)の上(うえ)にありますよ。

男 : 朴さん、眼鏡(めがね)はどこですか。

女 : 眼鏡ですか。机の引(ひ)き出(だ)しの中(なか)にあります。

男 : 朴さん、靴下(くつした)はどこですか。

女 : 靴下もですか。靴下はテレビの前(まえ)です。

男 : 朴さん、リンゴはどこですか。

女 : リンゴ！？箱(はこ)の中です。

男 : 朴さん、ラケットはどこですか。

女 : ソファーの後(うし)ろにあります。

男 : あのー、雑誌(ざっし)はどこですか。

女 : ベッドの上(うえ)です。

男 : すみません。新聞(しんぶん)はどこですか。

女 : テーブルの下(した)にあります。

정답　7リンゴ　9しんぶん　10ざっし　5くつした　3めがね　1ラケット

Unit 11

◆내용을 듣고 〈예〉와 같이 해당하는 장소의 번호를 쓰세요.

> <例>　女：田中(たなか)さんはどこにいますか。
> 　　　　男：田中さんですか。2階(にかい)の会議室(かいぎしつ)です。
> 　　　　女：ありがとうございました。

女 : 田中さん、李さんはどこですか。

男 : さっき、花屋(はなや)にいましたよ。

女 : どうも。

女 : 李さん、木村(きむら)さんはどこですか。

男 : 木村さんですか。えーと、ああ、会社の前の屋台(やたい)にいます。

女 : ありがとうございます。

女 : 木村さん、こんにちは。すみませんが、山田さんはどこですか。

男 : 山田さんはさっきエレベータの前にいましたよ。

女 : ありがとうございました。

女 : 山田さーん。すみません。全さんはどこですか。

男 : ああ、3階(さんがい)のコーヒーショップにいましたよ。

女 : 木村さん、すみませんが、金さんはどこにいますか。

男 : トイレにいましたよ。

女 : どうも。

女 : 金さん、わたしの猫(ねこ)はどこですか。

男 : 会社の前の木の下にいましたよ。

女 : そうですか。あー、よかった。

정답 李 - 4　木村 - 6　山田 - 5　全 - 1　金 - 2　ねこ - 7

Unit 12

◆ 내용을 듣고 〈예〉와 같이 각각 몇 개인지 쓰세요.

<例>　女 : すみません。このリンゴ、いくらですか。
男 : 8百(はっぴゃく)ウォンです。
女 : じゃあ、いつつください。

女 : すみません。このハンカチ、いくらですか。

男 : 3千(さんぜん)ウォンです。

女 : じゃあ、5枚(ごまい)ください。

女 : ネクタイ、いくらですか。

男 : どのネクタイですか。

女 : あの一番右(いちばんみぎ)にあるネクタイです。

男 : ああ、あれですか。あれは3万(さんまん)ウォンです。

女 : じゃあ、3本(さんぼん)ください。

女：それから韓国製(かんこくせい)のデジカメをください。

男：はい。何台(なんだい)ですか。

女：2台(にだい)ください。

男：はい。ありがとうございます。

女：あー、コーラをください。

男：すみません。ここはコーラがありません。じゃ、水(みず)を一杯(いっぱい)どうぞ。

女：あっ、どうもありがとうございます。

男：いいえ、どういたしまして。

정답　ハンカチ(5)　デジカメ(2)　ネクタイ(3)　水(1)

Unit 13

◆ 내용을 듣고 〈예〉와 같이 해당하는 그림의 기호를 쓰세요.

<例>　女：あしたは何か予定(よてい)がありますか。
　　　男：はい。山(やま)へ行(い)きます。

1 女：週末(しゅうまつ)は何か予定がありますか。

男：はい。日本から恋人が来(き)ます。

2 女：きのうはどこへ行きましたか。

男：近(ちか)くの飲(の)み屋(や)へ行きました。

3 女：お酒(さけ)をたくさん飲みましたか。

男：いいえ、あまり飲みませんでした。

4 女：金さん、何をしますか。

男：そうですね。じゃあ、わたしは歌を歌います。

5 女：鈴木さんも歌を歌いますか。

男：いいえ、わたしは酒を飲みます。

6 女：きのうはどうでしたか。

男：やあ、とても楽しかったです。

7 女：どんな人でしたか。

男：すごい美人だったんです。

8 女：だれに会いましたか。

男：大学時代の同級生に会いました。

정답　1.f　2.i　3.d　4.a　5.c　6.e　7.h　8.g

Unit 14

◆ 스즈키 씨의 하루입니다. 내용을 듣고 들은 순서대로 해당하는 기호를 써 넣으세요.

女：鈴木さん、きのう家にいませんでしたね。どこへ行きましたか。

男：朝は時間がありましたから、恋人に手紙を書いて、それから韓国語の勉強をしました。家にいましたよ。

女：ああ、わたしは午後に電話をしました。

男：ああ、午後は家にいませんでした。デパートへ行って、靴を買って、それから友達の家へ行きましたから。

女：日本の友達ですか。

男：いいえ、韓国の友達です。友達の家でご飯を食べて、酒を飲んで、夜11時頃家へ帰りました。

女：そうだったんですか。

정답　1.b　2.d　3.c　4.h　5.f　6.a　7.e　8.g

Unit 15

◆ 내용을 듣고 아래 칸에 적혀 있는 사람을 찾아 기호를 써 넣으세요.

女：鈴木さん。鈴木さんの恋人はどんな人ですか。

男：わたしの恋人は、背は少し低いですが、目が大きくて、かわいいです。

女：これは旅行の写真ですか。

男：はい、そうです。

女：鈴木さんの恋人もいっしょに行きましたか。

男：はい。この黄色いシャツを着ている女性がわたしの恋人です。

女：美人ですね。

男：いやあ、どうも。

女：この女性はだれですか。

男：えっ、どの人ですか。

女：この髪が長い人です。

男：ああ。この帽子をかぶった人ですか。

女：はい。

男：妹です。

女：じゃあ、妹さんと話している人は。恋人ですか。

男：いいえ、妹の主人です。

LISTENING : 듣기 훈련 스크립트와 정답

女 : ああ、そうですか。あれ、鈴木さんの恋人の横(よこ)に立(た)っている人はだれですか。

男 : ･･･わたしです。

女 : 鈴木さん、目が悪(わる)かったんですか。

男 : はい。今はコンタクトですが、前は眼鏡をかけていました。

女 : コンタクトのほうがいいですね。

男 : えっ。

女 : あの、あの、あっ、この二人(ふたり)はだれですか。後(うし)ろを見ている二人です。

男 : ああ、この二人は、わたしの大学時代の友達です。今、結婚(けっこん)してアメリカに住(す)んでいます。

女 : そうですか。いいですね。

男 : 李さんは、恋人がいませんか。

女 : はい。だれかいい人を紹介(しょうかい)してください。

정답

1. すずきさんの恋人－F
2. すずきさんの妹－C
3. 妹の主人－D
4. すずきさん－E
5. すずきさんの友達－A・B

Unit 16

◆ 내용을 듣고 〈예〉와 같이 해당하는 기호에 번호를 써 넣으세요.

<例> 男 : ここでタバコを吸(す)ってもいいですか。
女 : ここは禁煙席(きんえんせき)ですから、ちょっと･･･。

1 男：ここに車を止めてもいいですか。

女：いいえ、いけません。ここは駐車禁止ですよ。

2 女：窓を開けてもいいですか。

男：すみません。風邪を引いているので･･･。

3 女：すみません。ここに座ってもいいですか。

男：ええ、いいですよ。どうぞ。

4 女：帰ってもいいですか。

男：まだ4時ですよ。帰っては駄目ですよ。

5 女：鈴木さん、お酒を飲んでもいいんですか。

男：ビール一杯ぐらい大丈夫ですよ。

女：いいえ、車で来たんですから、駄目ですよ。

정답 1-b 2-e 3-g 4-j 5-a

Unit 17

◆ 내용을 듣고 해당하는 그림에 번호를 써 넣으세요.

1 ドアが閉まります。ご注意ください。

2 ドアを閉めます。ご注意ください。

3 机の上に書類を並べておいてください。

4 家の前に車が止まっています。

5 家の前に車を止めています。

6 時間がありません。早く起こしてください。

7 時間がありません。早く起きてください。

8 机の上に書類を並べています。

9 机の上に書類が並んでいます。

10 あれ、窓が開いていますね。

11 窓を開けているのは、金さんですか。

12 女：だれが窓を開けましたか。

男：はい、わたしが開けておきました。

정답 a−1　b−2　c−3　d−5　e−4　f−6
g−7　h−9　i−8　j−11　k−12　l−10

Unit 18

◆ 내용을 듣고 한 적이 있는지, 없는지 〈예〉와 같이 체크하세요.

<例>　女：韓国で、スキーをしたことがありますか。
男：ドラゴンバレーですか。あそこに行ったことがあります。
よかったですよ。

1 女：「風と共に去りぬ」を読んだことがありますか。

男：映画では見たことはあるんですが、小説は読んだことがありません。

女：小説もおもしろいですよ。

2 男1：あしたソラク山に行くんです。

男2：わあ、いいですね。まだ一度も行ったことがないんです。

男1：じゃあ、いっしょに行きましょう。

3 女：鈴木さん、韓国はどこへ行きました。

男：そうですね。釜山、慶州、ソラク山に行ったことはありますが、済州島へは、まだ行ったことがありません。

4 男：わー、このタコの刺身(さしみ)、生(い)きていますよ。

女：鈴木さん、タコの刺身は食べたことがないんですか。

男：いいえ、タコの刺身は大好きなんですが、生きているタコの刺身は初(はじ)めてです。

정답 1. ☐ある ☑ない　2. ☐ある ☑ない

3. ☐ある ☑ない　4. ☐ある ☑ない

동양북스 추천 교재

일본어 교재의 최강자, 동양북스 추천 교재

회화 코스북

일본어뱅크 다이스키
STEP 1·2·3·4·5·6·7·8

일본어뱅크
좋아요 일본어 1·2·3

일본어뱅크 도모다찌
STEP 1·2·3

분야서

일본어뱅크
NEW 스타일 일본어 문법

일본어뱅크
일본어 작문 초급

일본어뱅크
사진과 함께하는
일본 문화

일본어뱅크
항공 서비스 일본어

가장 쉬운 독학
일본어 현지회화

수험서

일취월장 JPT
독해 · 청해

일취월장 JPT
실전 모의고사 500 · 700

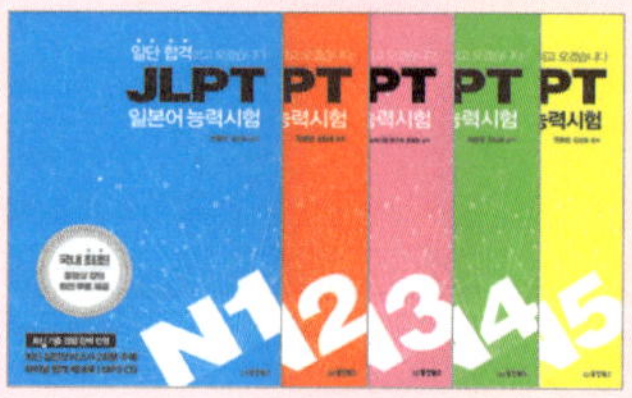

일단 합격하고 오겠습니다
JLPT 일본어능력시험
N1 · N2 · N3 · N4 · N5

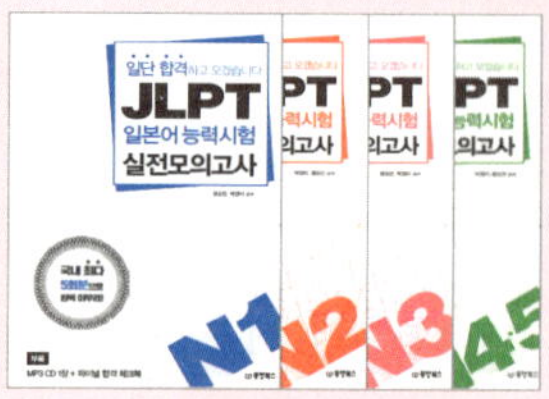

일단 합격하고 오겠습니다
JLPT 일본어능력시험
실전모의고사 N1 · N2 · N3 · N4/5

단어 · 한자

특허받은
일본어 한자 암기박사

일본어 상용한자 2136
이거 하나면 끝!

일본어뱅크
New 스타일 일본어 한자 1·2

가장 쉬운 독학
일본어 단어장

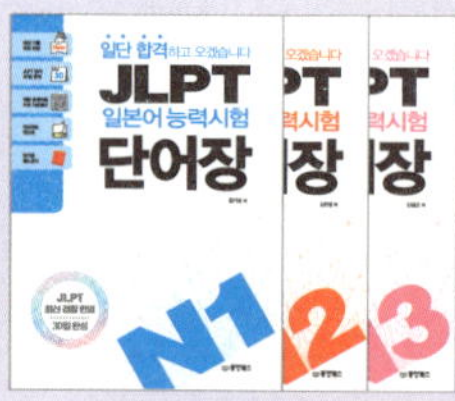

일단 합격하고 오겠습니다
JLPT 일본어능력시험
단어장 N1 · N2 · N3

[뉴] New 뱅크 일본어 STEP 1

사용빈도수가 높은 기본 어휘의 사용

회화에 꼭 필요한 문법 사항과 기본 문형을 수록

DRILL(회화연습)을 통하여 문법의 회화 응용과 말하기 연습 시도

듣기 연습을 통하여 청해력 향상

흥미와 이해를 돕기 위해 재미있는 삽화 구성

본책 + 펜맨십 + 종합TEST + MP3 CD 1장 포함 값 13,000원

ISBN 978-89-8300-741-4
ISBN 978-89-8300-740-7 (세트)